Godnat og sov godt

Lær dit barn gode sovevaner

Dr. Eduard Estivill
og Sylvia de Béjar

Godnat og sov godt

Lær dit barn gode sovevaner

PÅ DANSK VED
ANNA JOHANSEN

Borgen

Godnat og sov godt
Oversat fra spansk af Anna Johansen
Originalens titel:
Duérmete, niño
© Dr. Eduard Estivill y Sylvia de Béjar 1995
Dansk udgave © Borgens Forlag 2000
Published by arrangement with Margarita Perelló,
Literary Agent, Barcelona
Omslagsillustration: Fie Johansen, Billedhuset
Omslag: Lars Rosenquist Bech-Jessen
Published by Borgens Forlag, Valbygaardsvej 33,
DK-2500 Valby, Copenhagen
Bogen er sat med Palatino
og trykt hos Reproset, Kbh.
ISBN 87-21-01208-3

1. udgave, 7. oplag, 2004

www.borgen.dk

INDHOLD

Forord

FORORD

Til desperate forældre ...

SPØRGSMÅL: Hvorfor skulle vi tro på, at denne bog kan gøre vores tilværelse lettere, når alle de gode råd, vi indtil nu har fået om, hvordan vi får vores barn til at sove, ikke har været til nogen som helst gavn?

SVAR: *Fordi den metode, der beskrives i denne bog, har virket i 96 pct. af de tilfælde, hvor den har været anvendt.* Takket være denne metode sover tusindvis af små børn nu igennem hele natten – og det gør deres forældre også.

... og til nybagte forældre

SPØRGSMÅL: Hvorfor skulle denne bog interessere os?

SVAR: Fordi alle forældre drømmer om at få et barn, der uden problemer kan sove igennem, og hvis I lærer barnet det fra første færd, vil det lykkes.

I

VORES BARN SOVER IKKE, DET GØR VI HELLER IKKE

(om hvordan manglen på søvn påvirker os)

Når vi køber en elektrisk køkkenmaskine, fx en blender, så fortæller den venlige ekspedient os, hvordan den skal bruges, og for en sikkerheds skyld giver han os også en brugsanvisning med, for det tilfælde at vi skulle gå hen og komme i tvivl om noget.

Men når det drejer sig om nyfødte, disse små nuttede væsner, der er så skrøbelige, og som al vores opmærksomhed er rettet imod, ser det hele meget anderledes ud. Her følger der hverken en brugsanvisning eller andre forklaringer med. Den barske virkelighed er, at når vi forlader hospitalet med vores få dage gamle baby i armene, tager vi hjem uden andre hjælpemidler end vores gode intentioner om at gøre det bedst muligt. Men tit og ofte er det bare ikke nok, specielt ikke hvad angår barnets søvn. Lad os forklare hvorfor.

I de første dage plejer det hele at gå på bedste beskub. Begge forældre er udmattede, både fordi de ikke har lukket et øje og fordi de skal omstille sig til den rytme, som den nyfødte indfører. På trods af dette er der ingen, som beklager sig. Alle accepterer med større eller mindre glæde, at prisen, man må betale for barnets lykkelige ankomst, er at sove mindre, i det mindste i nogle uger. „Det gør ikke noget," siger forældrene i et forsøg på at opmuntre hinanden, „om kort tid skal det nok være bragt i orden. Vores venner, familien Nielsen, siger i hvert fald, at deres børn sov igennem, fra de var tre måneder, og hvis der er nogen, der ved besked, så er det dem," bliver de nybagte forældre enige om, mens de klamrer sig fast til håbet om, at familien Nielsens syv efterkommere er det uigendrivelige bevis på, at det hele nok skal gå.

Men ak og ve, hvis det ikke kommer til at gå sådan. Hvad er der i vejen, når den nyfødte Marie sår tvivl om familien Nielsens påstande? Forældrene er nået til den længe ventede fjerde måned, og Marie fortsætter med at følge sit eget hoved. Det vil sige hun vågner og vækker hele familien tre, fire, fem eller endnu flere gange hver eneste nat.

Sagen er den, at når mor og far hører hende småklynke, rejser de sig på skift og slæber sig udmattede hen til den lille piges vugge for at trøste hende. De kærtegner hende, giver hende vand, bryst eller sutteflaske, de tager hende op, de taler med hende, synger for hende og vugger hende ... og i løbet af nogle få minutter giver Marie igen efter for søvnen. Men lettelsens suk varer kun kort tid. Der går en time, halvanden, måske to, og seancen gentages endnu en gang.

„Hvad er der i vejen?," spørger de fortvivlede forældre hinanden. „Hvad har vi gjort forkert?", „Er hun mon syg?", „Forkæler vi hende for meget?", „Føler hun sig ikke elsket?", „Har det noget at gøre med utrygheden over adskillelsen (fra moren selvfølgelig)?" Det sidste er noget, moren plejer at sige – faren nøjes med at lytte fascineret til hende – for hun har allerede læst i nærheden af seks-syv bøger af typen: *Hvordan man opdrager sit barn perfekt i en uperfekt verden, Bliv en succesfuld mor efter 37 lektioner, Desperate forældre til grædende børn.*

Men heldigvis kommer overboen fra fjerde sal til hjælp (I kender typen, der altid har en forklaring på alting): „For underboen nede på anden sal skete der fuldstændig det samme. Lad være med at bekymre jer, inden I får set jer om, sover barnet igennem, det har sikkert kolik, eller også er det bare sultent eller noget i den retning." Der kan man bare se! Forældrene ser endelig lyset efter at være blevet begavet med den endegyldige forklaring: „Det er selvfølgelig, fordi den lille har kolik, og når hun først kommer over det, kan hun sove igennem. Min stakkels lille pige, hvor er det synd for dig. Kom op til mor!" Morens sorte rande under øjnene kan på dette tidspunkt ikke engang skjules med fire lag makeup. For faren gælder det samme, men for ham betyder det ikke så meget, eller det siger han i hvert fald.

Men lad os fortsætte, for historien ender ikke her. Det duer nemlig ikke at tænke stakkels Marie. Det er snarere hendes forældre, det er synd for. Velmenende folks forklaringer om, at det skyldes kolik, hører normalt op, og forældrene får i stedet en ny forklaring stukket i hovedet, nemlig den om at barnet er ved at få tænder. „Hvordan forestiller I jer, at hun kan sove, når det gør så ondt på hende?" (Hvilket i øvrigt ikke er videnskabeligt bevist endnu). Til rækken af populære forklaringer kommer dernæst denne: „Når hun først begynder at gå, vil problemet løse sig, for så vil hun være fuldstændig segnefærdig om aftenen efter at have stormet rundt hele dagen. Bare vent og se." Men det viser sig selvfølgelig snart, at selv om den lille pige går sine gad-vide-hvor-mange-kilometer dagligt (med forældrene løbende udmattede i hælene på hende), er det den samme kamp som altid, når det bliver sengetid. Hun er helt frisk og har ikke spor lyst til at sove (her er det vist ikke nødvendigt at fortælle, hvordan forældrene har det). Rækken af forklaringer kunne fortsætte i en uendelighed: når først hun vænner sig til at sove uden sut, når først hun vænner sig til at gå uden ble, når først hun begynder i børnehaven osv.

Som om denne række af „skrækeksempler" ikke var nok, så får de ofte følgeskab af en række andre (men bestemt ikke mere anvendelige) råd, kritiske bemærkninger og kommentarer fra bedsteforældre, søskende, venner osv. Hvorfor tror alle egentlig, at de har ret til at have en mening samtidig med, at de betragter os som uduelige og – lad os bare sige det ligeud – dårlige forældre? Hvem har fx ikke fået tudet ørene fulde af, at „forældre nu om stunder ikke opdrager deres børn, som man gjorde før i tiden, og se bare hvad der kommer ud af det" og andre lidet flatterende vendinger? De stakkels forældre holder ud, så godt de kan, alt imens de forsøger sig frem med alverdens ting i jagten på det store mirakel: at få barnet til at sove.

- **Forældrene får at vide**: „Giv barnet urter," og de bliver specialister i alverdens slags urtete, miksturer og andre magiske drikke. Det meste dog kun til glæde for indehaveren af helsekostforretningen og den alternative del af familien.

- **Der prædikes formanende**: „I bør lade hende græde, til hun falder i søvn," og så er det bare med at lade som om, man er døv, for bagefter at måtte melde pas efter to timers hysteri og en naboklage.

- **De får råd af typen**: „Spil klassisk musik for barnet," og straks farer forældrene af sted og køber den sidste udgave af *De fire årstider* af Vivaldi, selv om den musik, de selv bedst kan lide, er blues, soul og rock. („Nå, ja, selv om man er blevet far, kan man jo godt forblive ung").

- **De får opfordringer som**: „Kør en tur med barnet i bilen til det falder i søvn," og iført pyjamas giver forældrene sig til at køre rundt med barnet om natten, hvorfor de må udstå kommentarer fra forbipasserende såsom: „Hvad ligner det at tage et barn med ud på det her ukristelige tidspunkt af dagen! Der er virkelig nogle personer, man burde forbyde at få børn."

Hvilke resultater kommer der så ud af de mange eksperimenter? *Ingen*, det er klart. *Pigebarnet sover stadig ikke igennem, og det gør hendes forældre for den sags skyld heller ikke.*

Fortalt på denne måde kan ovenstående muligvis forekomme komisk, det er det bare ikke. Det at sove dårligt har meget negative konsekvenser såvel for Marie som for hendes forældre. Og sikke et held at der ikke er flere børn i hjemmet!

Man behøver kun at tænke på, hvor meget et menneske udvikler sig i løbet af dets første leveår for at blive klar over, hvilke enorme forandringer det gennemgår på meget kort tid: Et nyfødt barn har ikke meget med en baby på fire måneder at gøre; en firemåneders baby har heller ikke meget tilfælles med et barn på 2 år, mens en 2-årig for den sags skyld heller ikke har meget tilfælles med en 4- eller 5-årig. Og hvis disse forandringer er tydelige ud fra en fysisk betragtning, er de det ikke mindst ud fra en følelsesmæssig og intellektuel betragtning. Når alt kommer til alt, udvikler børnene sig fra at være totalt afhængige individer til at blive selvstændige personer. Det er samtidig indlysende, at hvis denne udvikling skal lade sig gøre under de bedst mulige forhold, må børnene bruge en masse energi. Energi som de skal få gennem god ernæring og megen hvile.

DEN DÅRLIGE SØVNS KONSEKVENSER FOR BØRN

For brystbørn og små børn
- *Let til gråd*
- *Irritation og dårligt humør*
- *Adspredthed*
- *Afhængighed af de personer, der passer barnet*
- *Mulige vækstproblemer*

For børn i skolealderen
- *Vanskeligheder med at klare sig godt i skolen*
- *Usikkerhed*
- *Generthed*
- *Hidsigt temperament*

For forældrene
- *Usikkerhed*
- *Skyldfølelser*
- *Gensidige beskyldninger om forkælelse af barnet*
- *Frustration over situationen*
- *Følelse af magtesløshed og utilstrækkelighed*
- *Træthed*

Men hvad sker der egentlig, når et lille barn sover dårligt? Konsekvenserne kommer tydeligst til udtryk gennem barnets adfærd.

Når Marie vågner så mange gange om natten, forhindrer det hende i at få al den hvile, hun har brug for. Det forårsager, at hun er mere urolig, for i modsætning til de voksne betyder trætheden, at hun bliver eksalteret og har svært ved at falde til ro. Det er forståeligt, at hun under disse omstændigheder hyppigt giver sig til at græde uden grund, at hun så let som ingenting bliver i dårligt humør og er åndsfraværende. Søvnmanglen forårsager desuden, at hun er fuldstændig afhængig af de personer, der passer hende (mor kan knap nok få et pusterum). På lang sigt kan det forvandle hende til en genert og usikker pige, som har svært ved at knytte bånd til andre mennesker, og det kan endda bevirke, at hun klarer sig dårligt i skolen.

Selv om man endnu ved meget lidt om, hvordan manglen på søvn påvirker barnets sundhedstilstand, er der ingen tvivl om, at et stresset barn ikke har de samme forsvarsmekanismer som et barn, der får den nødvendige hvile. En af de konsekvenser, man trods alt har kunnet bevise, og som kan forurolige enhver forælder, har at gøre med væksthormonet somatropin (også kaldet GH for Growth Hormon), der primært udskilles i løbet af de første timer efter søvnens indtræden. Hvad betyder det? Eftersom Maries søvn er uregelmæssig, kan udskillelsen af væksthormonet blive forstyrret og i værste fald hæmme hendes vækst. Børn, der sover dårligt, plejer således at betale for det med centimeter og kilo.

Og hvad sker der med Maries forældre? Som I kan forestille jer, lever de – eller hvad der er tilbage af dem – under et ulideligt pres. De har ikke sovet igennem én eneste nat i løbet af to år (nogle nætter er værre end andre). To år, det vil sige 104 uger eller 730 dage! Og folk forlanger naturligvis, at de skal være tålmodige – vel at mærke uden at have den fjerneste forestilling om, hvad det vil sige. Der er øjeblikke, hvor forældrene beskylder hinanden („Det er også, fordi du forkæler hende sådan"), andre øjeblikke hader de den lille („Hvis jeg havde vidst, hvordan det her ville blive, så skulle jeg aldrig nogensinde have haft børn! Jeg kan ikke holde hende ud mere"), for straks derefter at føle sig skyldige („Hvordan kan jeg dog tænke sådan, når den stakkels lille pige må have det lige så slemt som os"). Det er et sandt helvede. Eller med de berørtes egne ord: „Man skal have oplevet det for at vide, hvordan det er"[1]. Kan det blive meget værre? Svaret er desværre ja. Det kan man få vished om ved at lytte til andre forældre.

- „Det er en kamp, det siger jeg dig, en forfærdelig kamp," forsikrer Anna, der har en datter på 9 måneder, som aldrig har sovet mere end to timer i træk. „Vi er som zombier, vi er ikke meget værd hverken som forældre, par eller karrieremæssigt. Vi kører på de sidste reserver, og udmattelsen betyder, at vi konstant er uoplagte. Men ikke nok med det, vi er så irritable, at vores parforhold bliver værre og værre. Og man behandler jo heller ikke sin datter på samme måde, når man føler sig afslappet og glad, som når man er helt til rotterne, og ens moral er fuldstændig i bund."

- Johan, hendes mand, udtrykker sig på tilsvarende vis: „Jeg lo altid før i tiden, når jeg hørte om par, der kunne skændes om, at hætten på en tube tandpasta ikke var skruet ordentligt på. Nu kan jeg overhovedet ikke se det morsomme i det. Selv så små tåbeligheder kan fremprovokere en konfrontation mellem os. Det værste er, at jeg er besat af tvangstanker. Om morgenen ånder jeg lettet op, når jeg tænker på, at der endnu er mange timer til, at vi skal lægge pigen i seng. Som dagen skrider frem og tidspunktet nærmer sig, bliver jeg anspændt. Derudover finder jeg på undskyldninger for ikke at tage hjem. Jeg går ud fra, at min kone har det på samme måde. Sådan kan man simpelthen ikke leve!"

- Anders, der er mere optimistisk, fordi hans søn på 18 måneder ikke har lidt af søvnløshed, siden han var ét år gammel, fortæller: „Vi tog det egentlig rimeligt pænt. Vi afløste hinanden, og eftersom vi begge er meget tålmodige, undgik vi at sprænge i luften over hvad som helst. Hvis jeg skal være ærlig, var det

---

[1] Der er tilfælde, selv om de er få, hvor forældrene ender med at bekæmpe børnene ved at udvise aggressiv adfærd. For størstedelens vedkommende drejer det sig dog om verbale udfald, selv om de også kan være af fysisk karakter.

værste for mig at skulle give afkald på et normalt sexliv. Er der nogen, der kan forestille sig, hvad det vil sige ikke at kunne elske uden afbrydelser i al den tid? Sytten måneder uden at kunne gå rigtigt i seng sammen! Vi kunne aldrig gøre det uden at høre gråd eller en lille stemme, der råbte på sin mor. Vi blev nødt til at stoppe, og så plejede min kone at sige til mig: 'Bevæg dig ikke, gør ingenting, bliv hvor du er, jeg er straks tilbage.' Og så var det ellers bare om at vente fem minutter og derpå fortsætte, som om den lille 'reklamepause' var det mest naturlige i verden."

• Rosa, hvis treårige datter netop er blevet „helbredt", siger: „Det er som om, at min mand og jeg i løbet af al den tid havde trykket pauseknappen ned i vores forhold. Hvis jeg skal være ærlig, eksisterede det ikke engang. Hele vores liv drejede sig om vores datter. De få kræfter, vi havde tilbage, brugte vi på at se dagliglivet i øjnene. Når et familiemedlem gav os en hånd med, tog vi hen på et hotel, men kun for at sove, for vi havde slet ikke overskud til andet. Desuden faldt jeg næsten i søvn under min afsluttende eksamen på universitetet. Det var temmelig pinligt!"

• Rosas mand giver hende ret: „Det er sandt. Det har været enormt hårdt. Til at begynde med holder man ud, så godt man kan, men efter kort tid er man opbrugt. I takt med at man prøver alle de ting, man læser og hører om, og pigen stadigvæk ikke sover, så føler man sig usikker, magtesløs og skyldig. Det er nok bare at se på de ansigtsudtryk, som forældre til børn, der sover, sender én. De behandler dig, som om du var åndssvag eller fuldstændig håbløs. Jeg følte virkelig, at jeg var en fiasko som far. Og jeg der havde ønsker om at få en stor familie! Rosa og jeg talte engang om at få tre eller fire børn, men det, vi var igennem, gjorde, at vi mistede enhver lyst. Jeg håber, at vi får lysten tilbage, nu hvor vi har løst problemet."

FEMÅRSGRÆNSEN

Et barn, der som femårig ikke har fået bugt med søvnproblemerne, har større risiko for at komme til at lide af søvnforstyrrelser resten af livet end børn, der sover godt. Femårsalderen anses for at være en slags skillelinje, fordi barnet i den alder udmærket forstår, hvad forældrene siger. Hvis de fx beder barnet om eller truer det til at blive på værelset og holde sin mund, er det sandsynligt, at barnet adlyder. Det betyder dog ikke nødvendigvis, at barnet sover igennem. Hvis barnet har lidt af søvnløshed, vil det fortsat gøre det. Den eneste forskel er, at det nu må sluge den bitre pille alene. Normalt vil der så opstå problemer af en anden type: angst for at gå i seng alene, mareridt, søvngængeri, og fra teenageårene kan der i grelle tilfælde blive tale om søvnløshed for resten af livet.

Det er ikke nødvendigt at fortsætte med flere beretninger, vel?

Heldigvis behøver ikke alle forældre at gennemgå lignende mareridt, men Marie er ikke et enkeltstående tilfælde. Tværtimod. Man regner med, at 35 pct. af alle børn under 5 år lider af søvnforstyrrelser. Det vil sige, at der er problemer, når børnene skal i seng, sengelægningen forvandler sig ofte til et værre menageri, og børnene kan vågne rigtig mange gange i løbet af en nat.

De seneste undersøgelser inden for området viser, at andelen af børn med søvnproblemer kunne være lavere. For forældre har en tendens til at betragte det som normalt, at et barn på over 6 måneder vågner flere gange om natten for at kræve forældrenes tilstedeværelse (det kan være i form af gråd eller ytringer som „Jeg er tørstig", „Moaaar" osv.). Det er imidlertid *ikke* normalt. Når barnet er et halvt år eller højst 7 måneder, bør det være i stand til at sove igennem (det vil sige, omkring 11 til 12 timer i træk) – vel at mærke alene, på sit eget værelse og med lyset slukket.

Hvis jeres barn ikke kan det, spørger I sikkert jer selv hvorfor. Hvad er der gået galt? Hvad er der i vejen med vores barn? Hvad har vi gjort forkert? I skal imidlertid glemme alt om, hvad I har læst og hørt indtil nu. For årsagen skal hverken findes i sulten, i tørsten, i overskuddet af energi, i tilvænningen til børnehaven eller noget helt femte. Svaret skal findes et helt andet sted.

I virkeligheden er det langt mere simpelt: *Jeres barn har ganske enkelt ikke lært at sove endnu.* I næste kapitel kan I læse mere om, hvad det betyder, og hvis I følger de angivne „instruktioner" nøje, vil I på mindre end en uge have fået en lille sovetryne derhjemme.

I første omgang er det nok, at I visker tavlen ren og starter forfra. Dernæst skal I være helt på det rene med, at jeres barn:

- Ikke lider af en sygdom
- Ikke har et psykologisk problem
- Ikke er en forkælet lille unge, selv om det sommetider ser sådan ud
- Og frem for alt at det, der foregår, ikke er jeres skyld

Barnet har ganske enkelt ikke fået indarbejdet en sovevane endnu.
Med denne bog ønsker vi at vise jer, hvordan man lærer barnet at få en god sovevane. Bogen stiler derfor mod at være en brugsanvisning i barnesøvn (en manual, som I burde have haft, da I fik jeres barn). Målet er, at I ender med at opnå det samme som Maries forældre: at hun lærte at sove, og at de alle sammen blev i stand til at sove og leve(!) i fred. Maries forældre udtrykker det sådan: „Efter to års frit fald ned i en endeløs brønd, har vi genfundet håbet, glæden, lysten til at foretage os ting. Det er som at blive født på ny!"

II

SOV IKKE SAMMEN MED BARNET, DET SKAL LÆRE AT SOVE ALENE

(om hvordan man skaber en sovevane)

• Peter, 9½ måneder. Hans mor fortæller:

„Vi har fire børn. De tre ældste har aldrig haft søvnproblemer, men den yngste har gjort det ud for de tre andre. Peter har aldrig brudt sig om at komme i seng. Lige fra han blev født, har det at skulle lægge ham ned i vuggen været en pinsel. Blot 'lugten' af vuggen får alarmen til at gå i gang, og han skriger som en stukket gris. En nat, hvor der var gået timer, uden at vi havde lukket et øje, faldt det os ind at gå en tur med ham, og det virkede. Siden dengang har min mand og jeg hver aften efter TV-avisen gået en tur med drengen i barnevognen. To ture rundt om karréen er nok til, at han falder i søvn. Derefter går vi hjem igen og lægger ham forsigtigt ned i vuggen, for at han ikke skal vågne. Så spiser vi aftensmad og får tiden til at gå, mens vi venter på, at Peter atter vågner op. Omkring midnat begynder han at græde, vi tager ham op så hurtigt som muligt, for at han ikke skal vække sine søskende, og så går vi en tur med ham i barnevognen én gang til. Når han er faldet i søvn igen, lægger vi ham ned i vuggen, og så går vi i seng. Hen imod klokken tre om natten vågner han igen, og min mand går en tur med ham. Jeg ville egentlig gerne skiftes til det, men jeg er ikke tryg ved at gå ud på det tidspunkt af natten. Omkring klokken seks græder Peter endnu en gang. Så er det min tur. Vi er udmattede."

• Anna, 2 år. Hendes far siger:
„Min datter sover ganske udmærket, men nu vil min kone og jeg gerne alene på ferie i nogle dage, og vi har et praktisk problem. Anna var blot nogle få måneder gammel, da vi blev klar over, at for at hun kunne falde i søvn, blev hun nødt til at se tv. Vi anbragte hende på sofaen i stuen, og hun faldt straks i en dyb søvn. Når vi bar hende ind i sengen, vågnede hun med det samme. Derfor besluttede vi os for at sætte et fjernsyn ind på værelset, og det virkede! Pigen sov uden problemer indtil hen imod klokken to eller tre om natten, hvor hun begyndte at græde. Det var ikke så underligt, for programmerne stopper på det tidspunkt, og den skrattende lyd fra tv'et vækkede hende. Så fik vi den idé at købe en video til hende, der kunne spille i otte timer. Smart, ikke? Før vi gik i seng, satte vi den til, og problemet var løst: Vi hørte intet til pigen før dagen efter! Så sover hun helt vidunderligt, men som jeg tidligere var inde på, har vi fået et problem. Min svigermor har sagt ja til at passe pigen, mens vi er væk, men hun nægter at bruge fjernsynet og videoen. Hvad gør vi?"[2]

Vi ved alle, at der er forskel på at spise og spise rigtigt. Vi kan også blive enige om, at det at spise på den rigtige måde er en vane, man lærer. Det samme gør sig gældende med hensyn til søvn. Det siger sig selv, at alle babyer sover, men det er ikke alle babyer, der er i stand til at gøre det rigtigt. Der er små børn, der sover igennem fra den tredje eller fjerde måned, mens det at putte barnet for nogle forældre forvandler sig til et mareridt, hvor barnet ikke kan sove igennem hele natten og til forældrenes fortvivlelse vågner flere gange hver nat.

---

[2] Disse eksempler er autentiske. Ligesom alle de øvrige, som vi har fortalt om på de foregående sider. Eksemplerne stammer fra vores patienters journaler, men af indlysende årsager har vi ændret navnene.

KLINISKE KARAKTERISTIKA
FOR BØRNS SØVNLØSHED
(*som følge af ukorrekte vaner*)

• Besvær med at falde i søvn alene
• Adskillige natlige opvågninger
• Børnene sover let (enhver lyd vækker dem)
• Børnene sover færre timer end normalt for deres alder

UD FRA EN PSYKOLOGISK OG FYSISK
BETRAGTNING ER BØRNENE FULDSTÆNDIG NORMALE

Hvad er årsagen til, at nogle børn kan sove, mens andre ikke kan? Det skyldes, at nogle af dem har lært det. Selv om det måske kan virke overraskende, bliver vi født uden at vide, hvordan man sover ordentligt. Det er noget, man skal lære. Denne færdighed plejer at komme helt naturligt, uden at forældre og børn er bevidste om det. Derfor har de fleste måske ikke kendskab til fænomenet søvnløshed i forbindelse med børn, medmindre man da lige er stødt ind i problemet som fx i tilfældet med Peter og Annas forældre, eller hvis man hører en specialist fortælle om det. Årsagen til børns søvnløshed er i 98 pct. af tilfældene, at barnet har en forkert indarbejdet vane (de resterende 2 pct. skyldes psykologiske forhold).

Når man således er opmærksom på, at det at sove rigtigt er noget, man lærer, og at børnene lærer det af forældrene eller af de personer, der passer det, er det op til dem at sørge for, at barnet tilegner sig en god sovevane. Hvordan gør man så det? *Man lærer barnet at falde i søvn alene*, det vil sige uden hjælp fra nogen.

For at uddybe det nærmere, vil vi starte et lidt andet sted. Voksne har en biologisk rytme, der gentager sig hvert døgn. Denne døgnrytme regulerer kroppen, idet den fastlægger vores søvnmønster, vores behov for mad, udskillelsen af hormoner, vores kropstemperatur osv. For at vi kan føle os godt tilpas, er det nødvendigt, at denne døgncyklus fungerer til fuldkommenhed. I det øjeblik vi fx går sent i seng eller springer et måltid over, kommer vores indre ur i uorden, og vores krop og sindstilstand svækkes.

For nyfødte børns vedkommende gentager denne cyklus sig omtrent hver tredje til fjerde time, det vil sige, at barnet i løbet af dette tidsrum vågner, får skiftet ble, får mad og sover. Denne cyklus gentager sig igen og igen (men rækkefølgen kan naturligvis variere, eftersom der er forældre, som foretrækker at skifte barnet, efter det har spist). Dette er det normale forløb. Det skal imidlertid bemærkes, at nogle nyfødte er så anarkistiske, at de ikke engang følger denne rytme, men derimod vågner og sover, når de har lyst – og ikke følger noget mønster overhovedet.

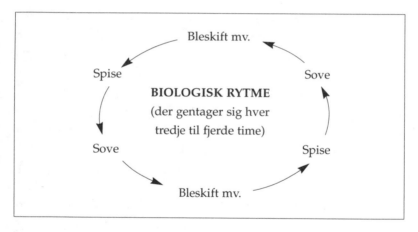

Omkring den tredje eller fjerde måned begynder barnet at ændre sin biologiske rytme. Lidt efter lidt forlader det sin 3-4 timers cyklus og tilpasser sig de voksnes biologiske døgnrytme på 24 timer. Brystbarnets nattesøvn bliver efterhånden af længere og længere varighed. Hvis barnet i starten sov i 2 timer, vil varigheden af nattesøvnen med tiden forøges til 3, 4, 6, 8, 10 eller helt op til 12 timer i træk. Vær opmærksom på, at der ikke er nogen faste regler for det, det vil sige, for nogle børn er det sværere end for andre.

Denne forandring opstår ikke uden grund. I den menneskelige hjerne findes nogle celler, der benævnes de suprachiasmatiske cellekerner (og som er beliggende i hypothalamus). De fungerer som et ur, der hjælper med at bestemme barnets forskellige behov for søvn, mad mv. Ved hjælp af dem bliver barnet i stand til at tilpasse sig den biologiske rytme på 24 timer.

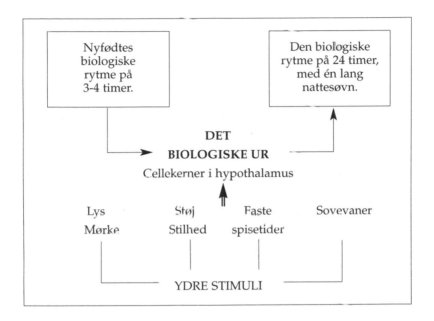

For at dette ur kan gå rigtigt i gang, behøver barnet nogle ydre stimuli:

- Lys-mørke
- Støj-stilhed
- Faste spisetider
- Sovevaner

Lad os først fokusere på de stimuli, der ligger lige for: forskellen mellem lys-mørke og mellem støj-stilhed. Når vi om aftenen lægger den lille i vuggen, er det naturligt, at værelset ligger hen i mørke, og at der ikke er så meget støj som om dagen. Derimod er det normalt, at vi i løbet af dagen lader barnet sove i dagslys, og at vi ikke gør noget for at holde lydene fra huset eller gaden ude. Mørket og stilheden hjælper barnet til at skelne mellem vågen tilstand og søvn, allerede fra det er ganske få uger gammelt – en distinktion, der er fundamental for at uret kan skifte til den biologiske rytme på 24 timer med én lang periode med nattesøvn.

Hvilke andre eksterne faktorer end mørke og stilhed kan vi forbinde med nattesøvnen? De faste spisetider. Lige fra barnet bliver født, forbinder det mad og søvn med hinanden: Efter det har fået mad, skal der soves. I takt med at ugerne skrider frem, går barnet fra at spise seks gange om dagen til at spise fire-fem gange (søvnperioderne i løbet af dagen aftager ligeledes), mens nattesøvnen nu bliver den længste søvnperiode.

Men der mangler stadig noget, for at uret kan fungere, og for at babyen kan tilegne sig cyklusen på 24 timer, nemlig selve sovevanen, eller med andre ord det, at den lille *lærer at falde i søvn uden hjælp fra nogen*. Uden sovevanen vil de ovennævnte stimuli ikke være tilstrækkelige.

Lad os vende tilbage til maden. Når barnet har nået en bestemt alder, sætter vi det i en barnestol, giver det en hagesmæk på, og på bordet placerer vi en lille tallerken med mad samt en ske. Vi anvender dermed en række eksterne elementer (barnestolen, bordet, hagesmækken, tallerkenen og skeen), som vi forbinder med selve handlingen at spise. Fra det øjeblik giver vi altid barnet mad på samme måde, ligegyldigt om det er til frokost eller til aftensmad, om barnet er hjemme eller i børnehaven, om det er mor, far, babysitter eller farmor, der giver barnet mad. *Vi gør det altid på samme måde*, dag efter dag, uge efter uge, måned efter måned.

Hvordan opfatter barnet denne situation? Hvad foregår der i barnets hjerne? *Det associerer ganske enkelt en række ydre elementer med en meget konkret handling – det at spise*. Efter et stykke tid hvor det samme ritual er blevet gentaget dagligt, vil vi derfor bemærke, at når vi sætter barnet i stolen og giver det en hagesmæk på, begynder det at bevæge sig spændt, selv om maden endnu ikke er kommet på bordet. *Barnet er klar over*, at det vil få mad meget snart, *fordi det har associeret disse eksterne elementer med, at det er spisetid*. Barnet har dermed fanget budskabet: „Når de sætter mig i barne-

stolen med hagesmækken og skeen, betyder det, at jeg skal spise."
Men processen slutter ikke her. Når vi lærer barnet, hvordan
man spiser, opfanger det noget mere. Vi lader noget mere gå vide-
re til barnet, nemlig *vores holdning.*

Man skal huske, at i livets første måneder er vi fuldstændig in-
stinktivt og intimt forbundet med vores mødre (eller dem vi pas-
ses af). Vi er afhængige af dem for at kunne overleve såvel fysisk
som følelsesmæssigt. Terapeuterne plejer at sige: „Vi har været vi,
før vi blev jeg," og en af konsekvenserne af denne „symbiose" er,
at babyerne føler det samme som deres mødre (eller dem de pas-
ses af). Børnene lærer således at føle sindsbevægelser gennem det,
de voksne meddeler dem, ikke gennem ord (som de jo ikke for-
står), men derimod gennem de voksnes holdning, omsorg, pleje
osv.

Det kan let bevises. Hvis man tager en baby på 6 måneder, an-
bringer det i skødet og siger til det med det blideste og sødeste to-
nefald: „Grimme, fede møgunge, jeg holder ikke det mindste af
dig," er det mest sandsynlige, at barnet vil smile henrykt, fordi det,
man videregiver, er ømhed. Barnet forstår ikke betydningen af or-
dene, men via tonefaldet forstår det udmærket, hvad den voksne
udtrykker. Hvis man i stedet i et hårdt og vredt tonefald siger: „Dit
smukke, dejlige barn, jeg elsker dig over alt på jorden," er det lo-
gisk, at barnet giver sig til at græde, fordi det opfanger aggressivi-
teten i stemmeføringen.

Hvilken holdning videregiver vi barnet, når vi lærer det at spi-
se? Forældrene ved, at det, de gør, er det rigtige. Faren er ikke i
tvivl om, at maden skal spises med ske, og moren tvivler heller
ikke på, at mælken skal drikkes af et glas eller en sutteflaske. Beg-
ge er overbeviste om, at tingene skal gøres på den måde, og det
kunne ikke falde dem ind at tvivle herom. Den selvsikkerhed, de
udviser, er det barnet opfanger, og det bevirker, at barnet helt au-
tomatisk også føler sig sikkert, når det skal spise. Sagt på en anden
måde, forældrenes selvsikkerhed smitter af på lille Johannes, som
dermed lærer let og hurtigt.

Lad os forestille os den modsatte situation. Hvad ville der ske, hvis forældrene var usikre? Antag at de den ene dag sætter Johannes i barnestolen, den næste dag på potten, den tredje dag i badekarret, mens de den fjerde dag serverer maden i en gryde i stedet for på tallerkenen og lader Johannes drikke af kanden i stedet for at drikke af glasset. (Det forekommer absurd, ikke sandt? Men glem ikke eksemplet, for om lidt vil vi overføre det på sengelægningen).

Det er klart, at den stakkels Johannes efter nogle dage med så mange ændringer vil betragte sine forældre med rædsel og tænke noget i retning af: „Gad vide, hvad mine skøre forældre finder på i dag." Hvis forældrene bytter rundt på de ting, der er forbundet med måltidet, hver gang de giver ham mad, medvirker de til, at han føler sig usikker, og til sidst ved han ikke, hvad han skal rette sig efter. Ikke kun på grund af de mange ændringer, men også *fordi forældrene tvivler, overfører de deres usikkerhed til ham.* Glem ikke at børn opfanger det, som de voksne videregiver til dem, og i den alder er det, de behøver mest – ud over kærlighed – tryghed.

En sidste meget vigtig detalje, man skal være opmærksom på, før man overfører dette eksempel på søvnteorien, er, at når I vælger *ydre elementer* med henblik på at videregive dem til barnet for at skabe en vane, så må I ikke tage dem fra barnet igen. Hvis I fx beslutter at lære barnet at spise med en ske, skal I blive ved med at bruge ske. Det går jo ikke, at faren fx kommer midt under måltidet og siger: „Væk med skeen, Johannes skal mades med pinde i stedet for, vi skal jo til Japan til sommer." Spøg til side. Det skulle gerne fremgå helt tydeligt, at I ikke bør give barnet noget, som I bagefter fjerner fra det. *Husk altid at gøre tingene på den samme måde!*

Hvis vi er enige om, at det at sove godt er en vane, man tilegner sig akkurat som det at spise, hvad gør I så for at lære jeres barn det? Akkurat som når I lærer barnet at spise, skal I holde jer til:

• En målrettet attitude (fra forældrenes side og fra dem, der passer barnet)
• En række ydre elementer

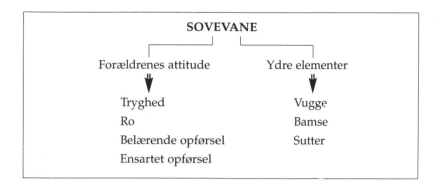

Forældrenes attitude

På en af de foregående sider forekom det os absurd, at Johannes den ene dag skulle sidde i barnestolen og spise, den næste dag på potten, den tredje dag i badekarret og endelig at han skulle spise fra en gryde og drikke af en kande. Imidlertid er dét at ændre de ydre omstændigheder lige præcis, hvad mange forældre gør, når de skal lære deres børn at sove, og når det ikke lykkes for dem lige med det samme. Lad os tage et eksempel:

Lille Albert på 10 måneder protesterer, når forældrene lægger ham i seng. Logisk nok foretrækker han at være sammen med sin far og mor frem for at ligge alene i vuggen. Moren, der er træt, men meget forstående, vugger ham tålmodigt i sine arme, indtil han falder i søvn. Når dette lykkes for hende, lægger hun ham ned i vuggen med samme forsigtighed, som man omgås en tidsindstillet bombe. Men det nytter ingenting. Hun har knap nok strejfet dynen, før den lille begynder at klynke. Moren, der er noget bekymret og ikke mindre ærgerlig, tager endnu en gang drengen op i sine arme, indtil han falder i søvn. Denne gang lægger hun ham „endelig!" uden problemer, og hun forlader værelset for at sidde et øjeblik sammen med sin mand. Der går ikke engang en time, før Albert igen er på banen. Så prøver faren – der er træt af de mange vågne nætter – lykken med en sutteflaske. „Lad os se, om du for en gangs skyld kan være stille!" Albert sutter lidt og sover straks sødt. Men det er stadig for tidligt at juble, for der går kun et lille øjeblik, før balladen gentager sig. „Hvad nu hvis

*vi går rundt med ham i barnevognen her inde i huset?" falder det moren
ind. Hun tager barnet op, „Lille skat, vi bliver jo nødt til at hvile os," og
hun begynder at gå frem og tilbage med barnevognen. Albert falder end-
nu en gang træt om, og hans mor lægger ham ned i vuggen igen. Der går
en time, og Albert vågner igen. „Aannd!" skriger han, og forældrene
oversætter det til vand, som de straks henter til ham³. Men barnet falder
ikke til ro. På dette tidspunkt er forældrene fuldstændig udmattede, des-
perate og rasende. Kort sagt tager de ham over i deres seng. Da han
sover, ekspederer de ham over i vuggen igen. Efter et stykke tid lyder det:
VRÆÆÆL!!!*

Som vi har vist, er forældre generelt helt på det rene med, hvordan
man lærer barnet at spise. Og fra den første dag, barnet begynder
at få rigtig mad, lærer de altid barnet at spise på den samme måde –
altid på den samme måde. Det samme er imidlertid ikke tilfældet, når
det drejer sig om at sove. Når et barn fra starten sover godt, er alt
fryd og gammen, men hvis det ikke er tilfældet, har forældrene
sædvanligvis ikke den fjerneste idé om, hvordan de skal opføre
sig, eller hvad de skal gøre. *De prøver sig derfor frem* i forsøget på at
finde noget, der virker. Hvis det ene ikke lykkes, forsøger de sig
med noget andet, hvis det også slår fejl, prøver de noget helt tred-
je. I takt med at de „eksperimenterer" sig frem, stiger deres usik-
kerhed, som samtidig bliver mere og mere synlig. Til sidst er de
bragt helt ud af fatning, de bebrejder sig selv, de føler, at de er mis-
lykkede som forældre, de er frustrerede og vrede.

Og hvordan reagerer Albert? Han føler sig naturligvis lige så
usikker, om ikke mere. Hans forældre skifter hvert øjeblik de „ydre
elementer" omkring ham, og ydermere kan han mærke, at de er
nervøse, nærmest hysteriske, forfærdelig usikre og måske ligefrem
vrede. Eftersom Albert har en yderst følsom radar, opfanger han

---

³ Børn med søvnproblemer plejer at begynde at tale tidligt. De lærer nogle
"nøglegloser" for at opnå, at deres forældre lægger mærke til dem. Hvem
nægter at give et barn vand, hvis det er tørstigt? I skal imidlertid være klar
over, at barnet højst sandsynligt slet ikke er tørstigt.

straks forældrenes sindsstemning, selv om han endnu ikke behersker sproget og ikke forstår, når de siger: „Skat, vil du ikke nok være sød at sove, det er blevet meget sent."

Da *Albert føler det samme som sine forældre, bliver han overordentlig usikker. Vi kan nemlig ikke forlange, at et barn kan lære vanen at sove, hvis ikke vi som forældre er i stand til at overføre den tryghed til ham, der skal til for at forstå, at det at blive i vuggen alene og selv falde i søvn er det mest naturlige, der findes.*

Ydre elementer

På samme måde som med spisningen skal man også knytte en række *ydre elementer* til sengelægningen, som man ikke må skifte ud eller fjerne, så længe den lille er i færd med at lære at sove. Lad os fx forestille os, at forældrene får Johannes til at sove ved at vugge ham i armene. Hvilke ydre elementer vil han så forbinde med søvnen? Det at blive vugget, som jo er et element, forældrene har „fjernet" i det øjeblik, de holder op med at vugge ham. Hvad vil der ske, når han vågner midt om natten? Han vil bede om det, som han forbinder med at sove for at kunne falde i søvn igen. Det vil sige, han har brug for at blive vugget for at kunne sove, og det kræver som bekendt en far eller en mor, der er villig til at gøre det.

Før vi fortsætter, er det vigtigt, at I er opmærksomme på, at vi alle hver nat vågner et antal gange og dermed afbryder søvnen. Hverken børn eller voksne er vågne i mere end 30 sekunder (ældre mennesker kan dog være vågne i op til 3-4 minutter). Det er under disse forløb, at vi tjekker, om omgivelserne er de samme, som da vi lagde os til at sove. Vi trækker derefter dynen op over os og skifter stilling. Disse opvågninger husker vi ikke dagen efter, medmindre de er blevet forlænget af en eller anden grund.

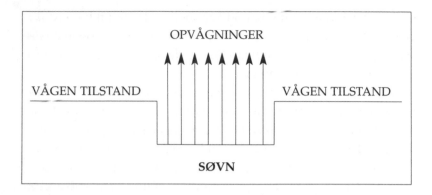

Hvis vi kigger på børns søvn med dette in mente, vil vi opdage, at et brystbarn (eller et lille barn) på en enkelt nat kan vågne 5-8 gange (hvis barnet lider af søvnløshed, vil det vågne endnu flere gange). Når barnet vågner, forventer det, at den situation, det befandt sig i og følte sig tryg i, da det faldt i søvn, vil være uforandret. Hvis barnet fx forbandt søvnen med en tur i barnevognen, forventer det fortsat at ligge i barnevognen; hvis barnet faldt i søvn under amningen, vil det lede efter brystet; hvis barnet faldt i søvn, mens det havde fat i farens hånd, vil barnet naturligvis savne den. Og eftersom det ikke ligefrem er normalt at gå tur med barnet, at amme det eller holde det i hånden hele natten, hvad tror I så, der sker, når barnet vågner? Det får sig en ordentlig forskrækkelse! Og hvad værre er, barnet kan ikke finde ud af at falde i søvn igen, hvis ikke den samme situation genskabes. De „ydre elementer", som barnet forbinder med søvn, skal med andre ord genetableres.

Hvis I stadig ikke synes, at ovenstående er helt klart, foreslår vi, at I foretager følgende fiktive øvelse: Forestil jer, at I som sædvanlig går i seng om aftenen og falder i søvn. Efter et stykke tid vågner I, som man altid gør om natten, og bliver klar over, at I befinder jer på sofaen inde i stuen. Ville I så ikke blive forskrækkede? Ville I ikke vågne op og skræmt spørge jer selv, hvad der er sket? Jeres barn oplever faktisk nøjagtigt det samme.

På nuværende tidspunkt er I bekendt med, at alle de „ydre elementer", som vi har talt om, har noget tilfælles: De forudsætter alle en voksens indblanding. Barnet kan med andre ord ikke selv skabe dem. Et barn kan hverken gå en tur alene i barnevognen, rejse sig og gøre en sutteflaske klar eller ae sig selv på ryggen, blot for at nævne nogle få eksempler[4].

Hvis hensigten er at få barnet til at sove igennem, uden at vække jer, hvilke elementer skal I så få barnet til at forbinde med søvnen? Det er klart, at det ikke skal være noget, som I fjerner fra barnet igen. Det skal med andre ord ikke være noget, barnet behøver en voksen for at få. I ved nu, at barnet græder, fordi den situation, det befinder sig i, når det vågner midt om natten, ikke er den samme, som da det faldt i søvn. Det betyder, at I skal skabe nogle forhold, som kan forblive de samme hele natten.

HVAD MAN IKKE BØR GØRE FOR
AT FÅ BARNET TIL AT SOVE

- Synge for barnet
- Vugge barnet i vuggen
- Vugge barnet i armene
- Holde barnet i hånden
- Gå en tur med barnet i barnevognen
- Køre en tur med barnet i bilen
- Røre ved barnet og lade det tage fat i jeres hår
- Give barnet små klap eller kærtegne det
- Give barnet en sutteflaske eller bryst
- Lægge barnet i jeres seng
- Lade barnet være oppe til det falder om af træthed
- Give barnet noget at drikke

---

[4] Den „geniale" idé, som Annas forældre fik med at købe et tv og en video til deres datter på to år for at få hende til at sove, fortjener at blive nævnt særskilt. Selv om forældrene tilsyneladende „løste" problemet, er det indlysende, at det er en uheldig måde at gøre det på.

For det første er vuggen et fundamentalt element. I må ikke lade barnet sove på sofaen, i jeres arme, i barnevognen eller i jeres seng, for bagefter bliver I jo nødt til at fjerne barnet fra disse omgivelser igen. Dernæst skal I, når I putter barnet, ikke give det noget, der kræver jeres tilstedeværelse. I skal heller ikke blive hos barnet, indtil det falder i søvn, da det i så fald vil forvente at se jer hos sig hver gang, det vågner op om natten. Når disse forhold er opfyldt, kan I give barnet en hvilken som helst ting, forudsat at I ikke fjerner den igen, fx en sut, en bamse, en dyne osv. Det vil sige elementer, der i modsætning til moren og faren kan være hos barnet hele natten.

Kort sagt, I bør ikke hjælpe barnet med at sove. I skal altså ikke tage aktiv del i, at det falder i søvn. Barnet skal lære at falde i søvn alene, og så længe det er mindre end 6 måneder, kan man lære barnet det på en hvilken som helst måde[5]. Barnet vil stille sig tilfreds med, at tingene er, hvor de var, da det faldt i søvn: vuggen, dynen, bamsen, sutten osv. Når barnet vågner – og det gør det jo adskillige gange – bemærker barnet, at alt er, som det var før („min bamse og min sut er her, alt er altså som det plejer – sikken lettelse"), og barnet vil atter falde i søvn uden problemer. På den måde kan I naturligvis også sove ubekymret videre.

---

[5] Børn, der er over 6 måneder, og som endnu ikke har tilegnet sig gode sovevaner, plejer at lide af søvnløshed. Hvis det er tilfældet med jeres barn, vil vi foreslå jer at læse kapitel IV, hvor vi forklarer, hvordan I kan lære barnet at sove.

III

STILLE OG ROLIGT

(om hvordan man lærer barnet at sove godt fra første færd)

En baby sover ikke på samme måde som et barn på 4 måneder eller et på 1½ år. Barnets søvn udvikler sig med tiden. I dette kapitel forklarer vi, hvordan barnets søvn ændrer sig, hvad I kan vente jer, og hvad I kan gøre på de forskellige tidspunkter. Hvis I lærer jeres barn at sove fra første færd, vil det ikke få søvnproblemer.

NYFØDTE
De første lektioner

Det første, man skal vide om et nyfødt barns søvn, er, at det sover præcis det antal timer, som det har brug for, hverken mere eller mindre. Barnet gør det „på sin måde", det vil sige, det skelner ikke mellem dag og nat, falder i søvn hvor som helst og når som helst uafhængigt af de omgivelser, det befinder sig i. Rent faktisk er søvnen barnets naturlige tilstand. Et nyfødt barn sover i gennemsnit 16 timer dagligt, selv om nogle kan komme op på 20 timer, og andre ikke overskrider 14 timer[6].

Som vi har beskrevet, er det normalt, at barnets biologiske rytme i de første uger gentages for hver 3-4 timer. Det er inden for

---

[6] For at få mere information om, hvad der er normalt, og hvad der ikke er, bør I læse kapitel V.

denne tidsramme, at barnet vågner, får skiftet ble, får mad og giver sig til at sove igen. I skal imidlertid ikke bekymre jer, hvis jeres barn ikke følger et egentligt mønster. Det faktum, at den nyfødtes søvn er fuldstændig anarkistisk, behøver ikke nødvendigvis at betyde, at barnet vil komme til at lide af søvnløshed, specielt ikke hvis I er opmærksomme på at lære barnet en god rytme fra starten.

I denne første fase af barnets liv er søvn og mad tæt forbundne, idet babyer plejer at vågne på grund af sult. Imidlertid er det absolut nødvendigt, at I ikke tager den udbredte opfattelse for pålydende, at nyfødte græder, fordi de har behov for at få bryst eller sutteflaske. Det behøver jo ikke nødvendigvis at være på grund af sult, at barnet græder. Af samme grund vil det være dumt at vænne barnet til, at I mader det, hver gang det græder. Hvis I gør det, vil barnet i løbet af kort tid ende med at forbinde gråd og mad, og det vil ikke holde op med at græde, før I giver det dets „dosis", lige meget om det føler sult eller ej.

Derfor skal I ikke løbe hen og give jeres barn mad, når det græder. Udeluk først alle andre mulige årsager. Det kan være, at barnet græder, fordi det fryser, har det for varmt, har en snavset ble, behøver menneskelig kontakt og kærtegn. Hvis I kan se, at barnet falder til ro, skal I ikke give det noget at spise. Til jeres beroligelse skal I vide, at det er videnskabeligt bevist, at en baby efter en god amning kan klare sig i 2½-3 timer uden at spise. Faktisk eksisterer der en meget simpel metode, som kan vise, om alt går som det skal – nemlig at kontrollere barnets vægt. (Rådfør jer eventuelt med sundhedsplejersken).

Ovenstående er meget vigtigt, fordi måltidernes rytme er tæt forbundet med søvnrytmen. De er som nævnt begge kontrolleret af den samme gruppe af hjerneceller – de såkaldte suprachiasmatiske cellekerner i hypothalamus – og hvis ikke I hjælper barnet med at stille dets indre ur, men i stedet begynder at forvirre det, kan det blive svært at lære barnet at tilegne sig en god søvnrytme.

Selv om det stadig er alt for tidligt med påbud, rådes I til fra starten at hjælpe jeres barn med at skelne mellem vågen- og søvntilstand. Det betyder, at I ikke bør lade barnet ligge i vuggen i de få øjeblikke, hvor det ikke sover, men derimod tage det op og give det jeres opmærksomhed, så barnet vågner helt. Tal med barnet, kærtegn det og leg med det. På den måde vil barnet begynde at skelne mellem, hvad det vil sige at sove og at være vågen. Det kan synes fuldstændig indlysende for jer, men det er nyt for et lille menneske, der netop er kommet til verden. Desuden er der en anden god grund til at lære barnet at skelne mellem de to tilstande: barnet vil associere vuggen med at sove, hvilket i løbet af kort tid vil medvirke til, at barnet tilegner sig gode sovevaner.

Det samme gør sig gældende med hensyn til forskellen mellem dag og nat – også på dette punkt anbefales det, at I lærer barnet at skelne. Til brug herfor kan man benytte sig af følgende råd:

• Dagslys kontra nattens mørke. Når barnet sover om dagen, skal I ikke trække gardinerne for i værelset, og hvis I har en vugge på hjul, skal I ikke nødvendigvis lade barnet sove i værelset. Tag i stedet barnet med ind i stuen eller hvor I end måtte opholde jer, for at barnet kan vænne sig til, at der foregår noget rundt omkring det. Barnet behøver ikke være i mørke for at kunne sove, barnet kan jo som bekendt sove hvor som helst, uafhængigt af omgivelserne. Om aftenen, derimod, skal barnet ligge i mørke. I skal fx ikke bruge disse små vågelamper, der er meget populære hos nogle førstegangsforældre. Jeres barn skal lære at sove i mørke fra starten, for hvis det ikke gør det, vil I bagefter få besvær med at få barnet til at føle sig godt tilpas og tryg uden lys.

• Støj kontra stilhed. Selv om barnet sover klokken 11 om formiddagen, skal det ikke afholde jer fra at støvsuge, tale højt eller lytte til radioen. Om aftenen er der normalt færre lyde, men I skal ikke overdrive stilheden. I skal fx ikke undlade at se tv, det er tilstrækkeligt at skrue lidt ned, så lyden ikke er alt for høj. For hvis formålet er at stille barnets ur, hvordan skal det så lykkes, hvis der om dagen hersker en gravkammer-lignende stilhed, der hører natten til? Barnet vil blive forvirret og vil i værste fald ende med kun at være i stand til at sove i absolut stilhed.

• Placer badetidspunktet om aftenen lige før den forestående nat-

tesøvn. Jo før, man etablerer en rutine, desto bedre, også selv om
barnet er meget lille.

• Sørg for at barnet har det særlig rart om aftenen. Giv det tid til
at bøvse, skift bleen, sørg for at barnets seng ikke er for kold, når
I putter det, og at værelset har en passende temperatur (mellem
20 og 23 grader). Hvis barnet om dagen vågner på grund af kul-
de eller en fuld ble, har det ikke nogen større betydning. Om af-
tenen vil det derimod være i modstrid med formålet – at etable-
re en passende soverytme – hvis ikke disse ting er i orden.

Dermed når vi til sagens kerne: Lige meget hvor lille jeres barn er,
så er det absolut nødvendigt, at det lærer at sove alene. Hvordan
gør man det, når barnet er nyfødt? I skal sørge for, at barnet falder i
søvn ved egen hjælp, det vil sige hverken i jeres arme eller sammen
med jer. I starten er det meget almindeligt, at de falder i søvn, mens
de får sutteflaske eller bliver ammet. Men prøv at undgå det i den
udstrækning, det er muligt. Prøv fx at lave lyde, pust forsigtigt på
barnet, rør det ganske let på næsen, kild det under fødderne eller
skift bleen. Hvis barnet alligevel falder i søvn, må I endelig ikke bli-
ve urolige, for det er stadig alt for tidligt at bekymre sig.

HVOR BØR BARNET SOVE?

Et lille barns ankomst er lig med få timers søvn og megen træthed.
Det almindelige er, at man som forælder ender med at gøre hvad som
helst, for at barnet skal falde i søvn, så man selv kan hvile sig lidt.
Imidlertid kan en dårlig beslutning forårsage fremtidige problemer.
Allerede inden fødslen bør man planlægge, hvor den lille skal sove.

• *I jeres seng.* De første uger plejer at være udmattende: derfor ender
mange mødre med at tage barnet med over i deres egen seng for at
gøre de natlige amninger lettere og hurtigere. Det er ikke den bedste
løsning, selv om de forældre, der vælger denne løsning, ikke skal føle
sig skyldige. Det er i orden at have babyen i jeres egen seng, mens den

stadig er helt lille. Men efter nogle få uger kan det forvandle sig til en vane, der er vanskelig at komme af med igen, da det at ligge sammen med jer er blevet et element, som barnet forbinder med søvnen.

• *I en vugge i jeres soveværelse.* En bedre løsning end den foregående er at have barnet i en vugge i jeres soveværelse. Nede i den føler barnet sig næsten lige så trygt som i moderskødet på grund af vuggens størrelse. Derudover kan forældrene være hos barnet lige så hurtigt, som hvis det lå i deres seng. Det er imidlertid ikke godt, hvis I beholder barnet i jeres soveværelse for længe. Barnet bør senest fra den tredje måned sove i sit eget værelse.

• *Fra vuggen over i sengen.* Barnet skal flyttes fra vuggen over i en seng, når det har for lidt plads i vuggen. Barnet vil typisk lave små slag med arme og ben, føle frustration over at være indespærret og prøve at kravle op over kanten på vuggen med fare for at falde ned. Overgangen fra vugge til seng skal helst finde sted i en periode, hvor barnet er roligt. Det bør fx ikke falde sammen med, at barnet begynder i vuggestuen, at der kommer en lillebror i familien eller i forbindelse med en flytning. Det plejer at give gode resultater at forvandle overgangen til noget specielt. Giv fx barnet en gave, opfind en sjov leg, lykønsk barnet og kom med opmuntrende ord såsom: „Nu er du godt nok blevet stor," eller „Hvor er du heldig, sikke en flot seng du har fået!" Frem for alt er det vigtigt, at barnet har tilegnet sig en god soverytme, og at I fortsat respekterer barnets sædvanlige rutine.

NÅR BARNET ER TRE MÅNEDER

Indarbejdelsen af sovevanen begynder for alvor

Selv om nogle børn lærer det tidligere, er det normalt, at det er i den tredje eller fjerde måned, at babyen begynder at ændre sin biologiske rytme fra de nævnte 3-4 timer til en egentlig døgnrytme og begynder at sove et større antal timer i træk om natten. Hvor I indtil nu har kunnet tage det afslappet, bør I fremover tage opgaven med at få indarbejdet en god sovevane mere alvorligt.

For at opnå dette er følgende to betingelser en forudsætning:

1. At I via jeres attitude udviser selvsikkerhed. Jeres barn føler det samme som jer, og hvis det fornemmer, at I er rolige, vil barnet også være det. Da vil det ikke være særlig svært for barnet at forstå, at det at falde i søvn alene er det mest naturlige, der findes.
2. At I giver jeres barn mulighed for at forbinde sengetiden med en række ting, der bliver hos barnet hele natten: vuggen, bamsen, sutten osv.

Det bedste råd, vi kan give jer for at komme igennem denne prøvelse, er, at I skal etablere en fast rutine omkring sengelægningen, så hver aften forløber på samme måde. Glem ikke, at for en baby er gentagelse lig med tryghed.

I bør først og fremmest beslutte jer for, hvilket tidspunkt I ønsker, at barnet skal sove. Dernæst er det vigtigt, at I holder fast på dette tidspunkt hver aften. Det anbefales, at I placerer sengelægningen mellem kl. 20.00 og 20.30 om vinteren og mellem 20.30 og 21.00 om sommeren, da det er påvist, at søvnen lettest indtræder på dette tidspunkt. Den halve time senere om sommeren skyldes overgangen til sommertid.

Dernæst bør I fastlægge den daglige rutine, som I vil følge. Det almindelige er at begynde med badet, som på én og samme tid underholder barnet og får det til at slappe af. Derudover tjener badet som en skillelinje mellem dag og nat. Hvis barnet ikke er særlig glad for vand, skal I ikke forlænge badet. Så snart det er overstået, kan I fx hellige lidt tid til at vise barnet et stykke legetøj, synge for det og tale kærligt til det, så barnet falder til ro. Det samme gør sig gældende, hvis pjaskeriet har fået barnet helt op at køre.

Hvis babyen skal ammes, inden den skal sove, er det ikke klogt at gøre det på barnets værelse. Barnets sove- og spisevaner bør adskilles, for barnet skal blive i stand til klart at skelne mellem det ene og det andet, så det ikke foretager fejlagtige associationer. Medmindre der er nogle omstændigheder, som gør, at barnet bliver ukoncentreret, er der ikke noget til hinder for at amme det i køkkenet eller i stuen sammen med resten af familien.

Det ideelle er, at I herefter tilbringer en hyggelig stund sammen uden for værelset eller i det mindste venter med at lægge babyen ned i vuggen. I kan fx vugge barnet, mens I taler til det eller synger for det, altid med det formål at få barnet til at falde til ro. Denne lille stund kan blive mere omfattende i takt med, at barnet bliver større. Hvad der før blot var en vuggevise kan fx udvikle sig til højtlæsning. Formålet med hyggestunden er, at barnet føler sig elsket, tilfreds og frem for alt mærker den tryghed, som det i høj grad behøver for at kunne slappe af og falde i søvn.

Efter den hyggelige stund sammen – mellem 5 og 10 minutter er nok – lægger I barnet ned i vuggen med bamsen, sutten og de øvrige ting, som skal blive hos barnet hele natten. Herefter forlader I barnet for ikke at se det før dagen efter. Væn jer til at bruge de samme ord og vendinger, som barnet efterhånden vil blive fortrolig med: „Godnat", „Sov sødt" osv. Når det er sagt, går I ud af værelset, mens den lille stadig er vågen.

Hvis rutinen er korrekt indarbejdet, vil barnet ikke have noget imod at blive lagt i seng, og det vil have let ved at skulle være adskilt fra forældrene. Det mest sandsynlige er, at barnets søvnmønster efterhånden vil ligne jeres mere og mere, og i løbet at kort tid vil det have tilpasset sig døgncyklusen og sove igennem om natten. Hvis ikke det er tilfældet, skal I ikke blive nervøse, man kan stadig ikke tale om, at barnet har søvnforstyrrelser før den sjette eller syvende måned. I skal blot fortsætte med at hjælpe barnet. Undersøg, om der skulle være noget, der hindrer barnet i at falde i søvn, og hvorfor det eventuelt vågner om natten:

• Er barnet sygt?
• Har barnet det for varmt eller for koldt?
• Føler barnet sig utilpas, fordi bleen er snavset?
• Måske er den sidste amning ikke nok til at stille barnets sult. I så fald bør I tilpasse den mængde mælk, barnet får i hver amning. Spørg eventuelt sundhedsplejersken til råds.

- Hvis barnet har haft kolik, er det muligt, at det ikke kan falde i søvn, fordi det ikke har fået indarbejdet en sovevane. Vug barnet lidt i armene og put det igen.

Et sidste råd i dette afsnit: Det er kun i de første uger, at en babys behov er den eneste årsag til, at det græder. Alligevel er det forståeligt, at I skynder jer hen til barnet, når det græder. Men I vil hurtigt kunne skelne mellem, om det er den type protestgråd, der hurtigt går over, eller om der er noget andet i vejen. Fra tremåneders alderen skal I derfor ikke rejse jer for at tage barnet op ved den mindste klynken. Giv barnet mulighed for at falde i søvn af sig selv igen, det kan jo være, I bliver overraskede!

FRA SEKSMÅNEDERS ALDEREN OG FREM

Sandhedens time

Fra seksmåneders alderen skal en baby sove færre timer i løbet af dagen og have en forholdsvis lang nattesøvn[7]. Fra syvmåneders alderen skal både spise- og søvnrytmen være godt indarbejdet. Det betyder fire måltider om dagen og en nattesøvn på 11-12 timer uden afbrydelser.

Hvis ovenstående ikke passer på jeres barn – det vil sige, hvis barnet har svært ved at falde i søvn alene, eller hvis det vågner mere end to gange om natten – bør I genoptræne sovevanen[8].

---

[7] Normalt vil barnet sove to gange i løbet af dagen. Første gang efter morgenmaden i 1-2 timer og anden gang efter amningen midt på dagen, igen i 1-2 timer.

[8] Til det formål skal I anvende den teknik, der beskrives i kapitel IV. Hvis barnet vågner et par gange, kan man ikke kalde det søvnforstyrrelser, men I kan prøve at genoptræne barnets sovevane.

**HVAD ER NORMALT FOR ET BARN
PÅ 6-7 MÅNEDER?**

- At spise- og søvnrytmen er godt indarbejdet.
- Fire måltider i løbet af dagen og en nattesøvn
  på 11-12 timer.
- Når barnet bliver lagt i seng, bør det være tilfreds og
  ikke give sig til at græde, når det bliver adskilt
  fra forældrene.

Hvis alt går som det skal, må I ikke blive uopmærksomme på eventuelle søvnproblemer. Der kan hurtigt dukke nye farer op, som kan ødelægge jeres barns gode soverytme. Mellem den sjette og niende måned – i takt med at barnet bliver ældre – vil det blive i stand til at holde sig vågen. Det kan holde sig vågen på grund af ophidselse, lysten til at være sammen med forældrene eller fordi det ikke ønsker at gå glip af det, der foregår. Derfor er det ikke så underligt, at barnet ikke kan falde i søvn, hvor træt det end måtte være. I sådanne situationer vil barnet end ikke i seng[9].

Derfor bør I være mere konsekvente end tidligere, både med hensyn til rutinen lige før sengelægningen og med at jeres barn skal være i stand til at falde i søvn alene.

Lige en advarsel med hensyn til rutinen. Pas på med at forlænge den hyggelige stund, som I tilbringer sammen, lige inden barnet skal puttes. For barnet vil formodentlig gøre alt muligt for at trække tiden ud. I takt med at barnet bliver ældre, og specielt når det

---

[9] „Tricket" med at gøre barnet så træt, at det til sidst falder om af træthed – som nogle forældre benytter sig af – virker således ikke efter hensigten. Stadiet før søvnen er afslappelse, og når man overtrætter barnet, bliver det overstimuleret.

har lært at tale, vil dets muligheder for at udsætte det øjeblik, hvor I skal sige godnat, blive større: „Jeg er tørstig", „Giv mig et kys", „Jeg elsker dig", „En historie mere, bare én mere". Det er ikke så underligt, hvis de fem minutter bliver til halvanden time eller endda mere. Det vil ikke være første gang, at en forælder ender med at bruge to timer på højtlæsning. Et godt fif til at undgå dette er at foretage jer noget, der ikke ophidser barnet for meget. Hvis den lille stund før putningen er et af de sjoveste øjeblikke i løbet af dagen, ønsker barnet naturligvis ikke, at det skal høre op. Hvis det derimod er hyggeligt, men uden at barnet bliver ellevild af begejstring, vil det være meget lettere at sige, at nu er det slut. Forståeligt nok vil det ikke have den samme effekt på barnet, hvis I læser fortællingen om *De tre små grise* med høj, indlevende stemme: „Hvem er bange for den store stygge ulv", som hvis I læser den mere stilfærdigt.

Når barnet er omkring et år, har det stadig brug for meget søvn, men nu primært om natten. Generelt siger man, at et barn, der har været en rigtig sovetryne, vil fortsætte med at være det. Og hvis det modsatte har været tilfældet, skal I ikke gøre jer nogle forhåbninger om, at barnet pludselig sover meget. Barnet vil i starten stadig have brug for at hvile sig to gange i løbet af dagen – en gang om formiddagen og en gang om eftermiddagen – men hen imod 15-måneders alderen plejer børn at gennemgå en relativ vanskelig periode, som ikke er mindre vanskelig for forældrene. På det tidspunkt vil to hvil være for meget, mens ét ikke er nok. Det giver sig udslag i, at den lille ikke vil sove om formiddagen men alligevel falder i søvn lige inden frokost. Det medfører, at barnet kommer til at spise sen frokost, og det vil atter en gang modsætte sig at skulle sove middagssøvn. På grund af trætheden bliver barnet lunefuldt og pylret indtil om aftenen, hvor det endda er sandsynligt, at barnet ikke vil spise sin aftensmad ordentligt. Dette plejer dog at løse sig helt af sig selv i løbet af 1-2 måneder, hvor barnet har nok i en middagslur.

En af farerne ved middagsluren er, at den mange gange bliver lidt for lang. Det er ikke hensigtsmæssigt, da det ødelægger barnets søvnrytme. Hvor meget det end frister os at lade barnet sove videre, kan vi ikke forvente, at et barn, der har sovet meget i løbet af dagen, vil gøre det samme om aftenen. Derfor vil man nogle gange være nødsaget til at vække barnet. I skal være opmærksomme på, at når et barn vågner fra middagsluren, vil det altid tage lidt tid, inden det kommer i omdrejninger igen, ligegyldigt hvor godt det har sovet. Man må være tålmodig og give barnet 15-30 minutters opmærksomhed og tale stille med det, for at det kan komme til sig selv og vende tilbage til sit normale aktivitetsniveau. I skal ikke vaske eller skifte barnet, før der er gået lidt tid, ellers risikerer I at få ballade. Det vil sige, hvis I skal ud, bør I tage højde for, hvor lang tid barnet behøver for at komme til sig selv efter at have sovet.

Middagsluren springes normalt over i 3-3½-årsalderen, hovedsageligt på grund af skolepligten[10]. Det kan være problematisk, for når barnet så endelig kommer i seng om aftenen, vil det være så træt, at det sover dybere end normalt, hvilket kan medføre søvngængeri og mareridt[11]. Derfor anbefaler vi, at barnet får en middagslur indtil det er 4 år – om muligt endnu længere.

Hvornår kan man regne med, at et barn har indarbejdet en god soverytme? Det kan der desværre ikke gives et fast tidspunkt for. Lige meget hvor god en soverytme barnet end måtte have, kan I ikke stole på den. Det er vigtigt, at I ikke holder op med at praktisere ritualet før sengelægningen, specielt hvis barnet har problemer (mareridt er fx typisk for denne alder) eller hvis der opstår særlige omstændigheder (flytning, en lillebror eller -søster kommer til verden osv.).

Vi vil ikke afslutte dette kapitel uden at bede jer om at reflektere lidt over følgende. Ofte er vi forældre meget lidt realistiske, når det kommer til vores børns søvn. Ikke sjældent oplever man foræl-

---

[10] Oversætterens anmærkning: I Spanien begynder børnene i børnehaveklassen i treårsalderen, hvor de sjældent har mulighed for at sove til middag.

[11] Kapitel VI omhandler mareridt, natlige angstanfald, søvngængeri osv.

dre, der i hverdagen lægger deres barn i seng klokken otte om af-
tenen, og som samtidig holder barnet oppe til klokken 11 om afte-
nen i weekenden. De forventer, at de på den måde kan få barnet til
at sove længere den næste morgen, hvilket selvfølgelig ikke plejer
at lykkes. Det er heller ikke rimeligt, at vi lader børn sove en rigtig
lang middagslur, for at vi selv kan slappe lidt af, og så bagefter
kræver, at de skal sove igen, når det er blevet deres sædvanlige
sengetid. De forældre, der forventer, at deres børn kan sove fra
klokken otte om aftenen til klokken ti næste morgen, går for vidt.

Selv om vi indrømmer, at det ikke ville være dårligt, hvis vi en
gang imellem kunne trykke på pauseknappen, så barnet kunne
sove længe og lade os få et lille pusterum, er det at bede om det
umulige. Man må acceptere, at barnet har brug for et vist antal
søvntimer. Forældrenes opgave er så at lære barnet at sove ud fra
nogle retningslinjer, der skal bidrage til at give det en god soveva-
ne. Det er det bedste, vi kan gøre for dem. For I ved jo allerede, at
hvis et barn i femårsalderen ikke har fået indarbejdet en god sove-
rytme, kan det medføre søvnforstyrrelser senere i livet.

DET IDEELLE NATTØJ

Om vinteren skal man sørge for at klæde barnet ordentligt på, så det
ikke fryser, hvis det kaster dynen af sig. Når børn sover, vender og
drejer de sig ofte, og det kan være generende for dem at føle sig helt
lukket inde. Kulden kan vække barnet, hvis det kaster dynen af sig
og ikke har nok tøj på (det kan selvfølgelig også være skadeligt for
barnets helbred at fryse). For at undgå at barnet vågner, er den bed-
ste løsning at kontrollere temperaturen i værelset og give barnet en
varm pyjamas på. Barnet vil således sagtens kunne bevæge sig, og
samtidig vil det være varmt klædt på. Om sommeren er det tilstræk-
keligt, at barnet sover i en tynd bluse.

IV

AT BEGYNDE FORFRA

(om hvordan man genoptræner sovevanen)

Hvad er normalt, og hvad er unormalt? Hvornår kan man tale om søvnløshed hos børn?

Der er forældre til børn på halvandet år, som anser det for at være normalt at skulle rejse sig tre-fire gange hver nat for at gå ind til barnet, der græder og beder om sutteflasken. Men det er ikke normalt, for i den alder burde barnet for længst være i stand til at sove igennem. Det er heller ikke normalt, at et barn på 8 måneder har for vane at holde sig vågen indtil midnat og aldrig virker søvnigt; eller at et barn skriger, når moren går ud af værelset efter at have puttet det og sagt godnat.

Fra 6-7-måneders alderen bør alle børn være i stand til:

• At være i godt humør, når de bliver puttet, og ikke give sig til at græde.
• At falde i søvn alene.
• At sove mellem 11 og 12 timer i ét stræk[12].
• At sove i vuggen og uden at lyset er tændt.

---

[12] Inden I begynder at beklage jer over, at jeres barn sover mindre, skal I vide, at det muligvis behøver mindre søvn, jf. kapitel V.

Medmindre barnet lider af en eller anden organisk forstyrrelse, der kan skabe ubalance i søvnen – det være sig kolik, opstød, mælke-allergi, infektioner i åndedrætsorganerne osv. – skal et barn på 6-7 måneder opfylde de fire ovennævnte betingelser. Hvis det ikke er tilfældet, er det muligt, at barnet lider af en eller anden form for søvnløshed. Der kan være to grunde hertil:

• Forkert indarbejdede vaner (i 98 pct. af tilfældene).
• Psykologiske forhold (i de sidste 2 pct. af tilfældene), hvilket be-røres i slutningen af dette kapitel.

Søvnløshed på grund af forkert indarbejdede vaner er faktisk den mest almindelige form for forstyrrelse. Den er karakteriseret ved:

• At barnet har svært ved at sove alene.
• At barnet vågner adskillige gange om natten. Det kan være mel-lem 3 og 15 gange, og det kan være umuligt for barnet at falde i søvn igen uden hjælp[13].
• At barnet sover meget let. Når man observerer barnet, får man fornemmelsen af, at det konstant er „på vagt", og at enhver lille lyd får det til at vågne.
• At barnet sover færre timer, end det er normalt for dets alder.

Når det sker, begynder forældrene at anvende metoder, som de finder logiske, for at få barnet til at falde i søvn. De giver fx barnet noget at drikke, vugger det, synger for det, tager det i hånden, stryger det over håret, kærtegner det på ryggen. Kort sagt hvad som helst, der kan få barnet til at falde i søvn (som vi har set, er det ikke så underligt, at forældrene ender med at lade børnene falde i søvn foran tv'et eller kører rundt med dem i bilen, hvis det er det,

---

[13] Hvis et barn kun vågner 1-2 gange om natten, kan man ikke betegne det som et alarmerende tilfælde af søvnløshed. Men det betyder ikke, at I skal undlade at genoptræne barnets sovevane. Forældre har også ret til at sove uden at blive afbrudt.

der skal til). Det plejer ikke at hjælpe, for selv om barnet falder i søvn, vil det vågne igen kort tid efter – freden varer maksimalt tre timer – og dramaet gentager sig atter en gang. Vi vil ikke berøre dette yderligere, for hvis I står i en sådan situation, har det nok en årsag. Det, I skal gøre nu, er derfor at bruge den omtalte metode i praksis. Inden I begynder, må I være klar over, at for at metoden kan give resultat, *bør I holde jer til det, vi fortæller jer*. Det vil sige, hvis I bliver i tvivl om noget, skal I ikke begynde at foretage jer noget, I ikke har læst.

HVAD SKYLDES SØVNLØSHED HOS BØRN?

Manglende tilegnelse
af sovevanen

Det at sove godt er som nævnt noget, der skal læres. For overhovedet at tilegne sig en god sovevane, er der en række krav, som skal være opfyldt:

1. Forældrene skal være rolige og sikre på, at de gør det rigtige. Dernæst skal de gentage de samme ting hver aften.
2. Barnet skal associere søvnen med en række eksterne elementer, som bliver ved barnets side hele natten: vuggen, bamsen osv.

Eftersom ovenstående punkter netop er, hvad I behøver for at kunne genoptræne jeres barns sovevane, skal I glemme alt om det, der er gået forud. I skal forestille jer, *at jeres barn er blevet født i dag, og I skal behandle det som et nyfødt barn* – lige meget om det er 6 måneder, 1½ år eller 5 år. Sagt med andre ord, I skal starte helt forfra, bortset fra at I fra nu af aldrig mere er i tvivl om, hvordan I skal få Johannes til at sove. Selv om vi i forbindelse med den omtalte teknik indimellem taler om situationer, der knytter sig specielt til babyer, kan den anvendes på børn op til femårsalderen. Det vil sige, at I, uafhængigt af jeres barns alder, kan anvende metoden på samme måde og blot udelukke de detaljer, der specielt vedrører de helt små. Ud fra vores beskrivelser forekommer det måske som den letteste sag i verden at genoptræne barnets sovevane. Men jeres selvtillid er formodentlig under nulpunktet, hvilket ikke er så underligt, når man tager de mange fejlslagne forsøg i betragtning. Det betyder ikke noget. Fra nu af og igennem hele „genoptræningsprocessen" skal I optræde, som om I er helt afklarede, i hvert fald hvad angår barnets søvn (også når det gør ondt at høre barnet græde). Husk på, at det vigtigste ikke er, hvad I siger til jeres barn, men derimod den holdning, I udviser. *Hvis det, barnet opfanger, er jeres selvsikkerhed og beslutsomhed omkring, at tingene skal gøres på én bestemt måde, vil barnet have meget nemmere ved at lære.*[14]

Lad os se på hvilke *ydre ting*, man kan vælge at give babyen som associationer til søvnen. I første omgang skal det som nævnt være noget, *der kan være hos barnet hele natten.* Det skal dernæst være noget nyt, for barnet kender jo alt det, der er på værelset i forvejen. Vi må altså i gang med at producere noget. Mens Johannes spiser sin aftensmad, kan hans far fx tegne en tegning til ham, samtidig med at han lader barnet tage del i den kreative proces: „Se her hvad jeg laver. Jeg vil bruge den orange farve, og skal vi ikke tegne en …" På den måde vil barnet helt naturligt deltage på en meget aktiv måde. Det er nok at tegne en simpel sol, medmindre faren er en habil tegner. I så fald kan han gøre det lidt mere avanceret og fx tegne en fugl eller et træ. Blot faren hele tiden tager højde for, hvem tegningen er henvendt til.

Moren kan i mellemtiden lave en uro til Johannes. Det behøver heller ikke være af den anden verden, det er tilstrækkeligt med en simpel snor, hvorfra der fx hænger en kugle af sølvpapir. Hvis bar-

---

[14] Eftersom denne metode har givet resultat i 96 pct. af tilfældene, bør I være overbeviste om, at det, I gør, er det rigtige, og at metoden vil virke. Specielt når man tager i betragtning, at i de tilfælde, hvor metoden har slået fejl, har der været tale om forældre, der ikke har været i stand til at gennemføre metoden med tilstrækkelig selvsikkerhed. Derfor er det vigtigt, at I udviser selvsikkerhed, er afslappede og holder modet oppe.

net er lidt større, og derfor ikke stiller sig tilfreds med det, kan man tegne og klippe en flyvemaskine, et skib eller en lille figur. Det behøver ikke være et større kunstværk, det vigtigste er, at barnet får noget nyt til værelset, som det aldrig tidligere har haft.

I det foregående kapitel fortalte vi om vigtigheden af at skabe et ritual omkring sengelægningen. For at genoptræne jeres barns sovevane skal I følge de samme skridt: først et afslappende bad, derefter aftensmad efterfulgt af 5-10 minutter hvor I foretager jer noget rart sammen (det kan være en godnatsang, et spil, en historie), og til sidst siger I godnat og forlader værelset, mens barnet endnu er vågent.

Vi går ud fra, at indarbejdelsen af rutinen allerede er fremstillet helt klart (jf. side 46-47). Vi vil derfor blot nøjes med at give jer et råd i forbindelse med tidspunktet for aftensmåltidet. For at kunne lave om på jeres barns indre ur og i særdeleshed barnets sovevane er det vigtigt, at I fastsætter spisetiderne. Derfor bør I give jeres barn morgenmad klokken 8, frokost klokken 12, mellemmåltid klokken 15 og aftensmad klokken 19. Det er vigtigt at følge det daglige tidsskema konsekvent, da det er lavet ud fra, at barnets hjerne er indstillet på at sove mellem klokken 20 og 20.30, som er det tidspunkt, hvor søvnen har lettest ved at indtræde. Om sommeren hvor der opstår en tidsforskydning på grund af overgangen til sommertid, skal I lægge barnet i seng mellem 20.30 og 21.

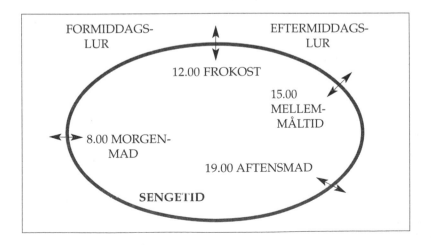

Forestil jer, at klokken er 20.30, og at Johannes er klar til at komme i seng, efter han har spist til aften og fået et bad. Faren og moren går ind i værelset med Johannes og tilbringer nogle minutter sammen med ham (hvis det er muligt, er det bedst at tilbringe denne hyggestund i stuen eller et andet sted end barnets værelse). Efter at have leget lidt med den lille fortæller en af forældrene, at den tegning, de har tegnet under aftensmåltidet, er en plakat, som skal hænges op på væggen sammen med uroen. Det er absolut nødvendigt, at jeres tonefald er roligt. Hvis I udviser selvsikkerhed, vil jeres barn også ende med at føle sig sikkert, selv om det kan tage nogle dage[15].

Hvis jeres barn stadig sover med sut, er det en god ide at købe nogle stykker og lægge dem ned i barnets seng. Så vil barnet let kunne finde en sut, når det vågner midt om natten. På den måde undgår I, at barnet kalder på jer.

Derefter tager I en af bamserne og giver den et navn, lad os kalde den Teddy. I præsenterer Teddy for barnet og forklarer: „Fra nu af vil din ven Teddy altid sove hos dig." Det er vigtigt, at det er jer, der vælger bamsen, da det er en del af den strategi, der skal vise barnet jeres selvsikkerhed. Det er jo ikke barnet, som skal fortælle jer, hvordan tingene skal gøres, *det er jer som forældre, der skal lære barnet at sove*. Hvis jeres barn er lidt større, skal I ikke falde for fristelsen til at lade det vælge bamsen. Barnets alder er i den sammenhæng fuldstændig underordnet. Husk, at I skal forestille jer, at barnet er født i dag, og at I derfor skal behandle det som et nyfødt barn, der er ude af stand til at tage beslutninger.

---

[15] Hvis I på grund af arbejde kommer sent hjem, og det er jeres barnepige, som putter barnet hver aften, er det hende, der skal genoptræne Johannes' sovevane. Det er stort set ligegyldigt, hvem der gør det, så længe det bliver gjort ordentligt.

> • De krav, barnet stiller, når det skal puttes, kan forårsage forstyrrelser i sovevanen.
>
> • Det er ikke barnet, der skal fortælle forældrene, hvordan det skal falde i søvn eller hvad det behøver for at kunne sove. Det er forældrene, som skal lære barnet om sovevanen.

De ydre ting, vi har udvalgt, forudsætter altså ikke en voksens tilstedeværelse. Formålet er jo som bekendt, at de elementer, som barnet forbinder med søvnen, ikke skal fjernes igen. Alt det, vi har udvalgt: tegningen, uroen, bamsen og sutterne vil stadig være der, når barnet vågner. Det er muligt, at Johannes i begyndelsen vil væmmes over stakkels Teddy, men når han vågner klokken tre om natten, vil den „trofaste" ven stadig være hos ham. Og selv om det ikke er det samme som mor og far, der jo er gået, eller sutteflasken, der er forsvundet, vil Teddy under ingen omstændigheder forlade Johannes.

Så er det tid til at tage det næste skridt. Klokken er 20.35 på den „første dag i jeres barns liv". Plakaten og uroen er hængt op, sutterne ligger i sengen, og Johannes og Teddy er blevet præsenteret for hinanden. Hvis ikke I har gjort det endnu, er det tiden til at lægge den lille i seng. Der findes to muligheder, alt afhængig af hvor barnet sover:

• *Vuggen*: I lægger barnet i vuggen, og hvis det nægter at lægge sig ned, er det i orden at lade barnet sidde op. Hvis det rejser sig op, skal I ikke forhindre det i at gøre det. Herefter skal I gå så langt væk fra vuggen, at barnet ikke kan gribe fat i jer (en meter er tilstrækkeligt) og I skal opføre jer, som om der ikke er noget usædvanligt på færde. Barnet vil være af en ganske anden opfattelse, og I skal ikke undre jer, hvis det begynder at græde. Men glem ikke at I skal opføre jer, som om I er meget sikre på det, I gør.

• *Sengen*: Det ville være underligt, hvis barnet lagde sig, som om intet var hændt. Johannes ved udmærket godt, at der er noget under opsejling. Han vil sandsynligvis straks rejse sig igen, efter

I har lagt ham i seng, og begynde at græde. I skal ikke forsøge at putte ham igen. Tag ham i hånden, eller sæt jer med ham på skødet, hvis I har lyst, men bevar frem for alt roen.

En af jer skal nu sige noget i retning af følgende: „Lille skat, mor og far vil lære dig at sove alene. Fra i dag af sover du her i din seng, hvor du har din plakat, din uro og Teddy," og hvad I ellers har udvalgt af ting, der skal være hos barnet. Denne lille tale skal ikke vare særlig meget længere end ca. 30 sekunder. Men I kan i det omfang, det er muligt, også nævne nogle af de andre ting, barnet har på sit værelse. Det er i princippet ligegyldigt hvad. Det gør ikke så meget, hvis barnet ikke forstår alt det, I siger, det vigtigste er måden, I siger det på – altså jeres tonefald. Det er naturligvis lettere sagt end gjort, for barnet græder højst sandsynligt i vilden sky for at opnå, at alt vender tilbage til det gamle. Men eftersom denne fortid ikke eksisterer for jer, skal I ikke tage jer af det. Fortsæt med at tale til barnet og lad som ingenting. Et trick består i at virke meget koncentrerede omkring det I siger og betone hvert et ord, når I forklarer barnet, hvordan nætterne fra nu af vil forløbe.

Det er nu, I for alvor skal vise jeres styrke. I skal ikke bøje jer, fordi barnet med et forfærdelig sørgmodigt udtryk i ansigtet rækker sine arme i vejret. Eller for den sags skyld – hvis barnet er lidt større – skriger desperat, fordi det vil sove på sofaen og se aftenens film på tv. Det er klart, at barnet ikke frivilligt vil give afkald på sine „privilegier". Den naturlige reaktion vil være, at barnet græder, skriger, kaster op, sparker, siger det er tørstigt eller sultent, at det skal lave stort, at det ikke kan lide jer osv., for at I skal give op. Men *I skal ikke så meget som fortrække en mine.* Husk, at det ikke er barnet, der skal fortælle jer, hvordan tingene skal gøres, men jer som skal fortælle barnet det. Hvis det er meget svært for jer, så tænk på, at I gør det for jeres eget og hele familiens bedste. Hvis I følger instruktionerne til punkt og prikke, vil I alle efter maksimalt syv dage kunne sove igennem hele natten.

Når de 30 sekunder er gået, skal en af jer lægge Johannes ned i sengen igen, *men kun én gang.* I placerer sutterne, så han let kan få fat i dem, og siger til ham: „Godnat lille skat, vi ses i morgen." Når det er gjort, slukker I lyset og går ud af værelset og lader døren stå lidt på klem. Hvis I hører musik eller ser tv, kan I skrue lidt ned for lyden men uden at forvandle hele huset til et gravkammer, for det er Johannes, der skal indrette sig efter jer og ikke omvendt.

Vi understreger igen, at barnets alder er underordnet, *I skal betragte det som et lille nyfødt barn*. Teknikken til genoptræning af sovevanen er den samme, lige meget om barnet er 6 måneder eller 5 år. Den eneste forskel er, at jo ældre barnet er, des større mulighed har det for at anvende to farlige „våben" imod jer:

* **Sprog.** I takt med at barnet bliver ældre og tilegner sig et ordforråd, bliver tingene mere komplicerede, da barnet via sproget kan manipulere med sine forældre. Det er ikke så underligt, at størstedelen af de børn, der lider af søvnløshed, lærer at tale i en tidlig alder. Få forældre modsætter sig at hjælpe et barn, der er „tørstigt", skal „lave stort" eller er „bange". Det falder ikke forældrene ind, at deres barn er så snedigt, at det har fundet ud af, at når det siger ovennævnte gloser, så kommer forældrene barnet til undsætning. Her er der tale om princippet aktion-reaktion, som vi kommer ind på om lidt. Hvis det var nødvendigt for barnet, ville det sågar kunne lære at sige „Nebukadnezar". Hvordan kan man som forælder afslå disse bønner? Man skal ganske enkelt ignorere dem. Jeres barn er et lille nyfødt barn, og set fra det perspektiv har det endnu ikke lært at tale.
* **Den fysiske behændighed** giver fx barnet mulighed for at springe ud af sengen og gå ud af værelset for at lede efter sin far og mor. I kan ikke bruge hele aftenen på at lægge barnet tilbage i sengen, derfor må I lave en forhindring i døråbningen til værelset. På den måde slipper I for at skulle lukke døren, hvilket kan gøre barnet helt skrækslagent, men det tjener samme formål, for barnet vil ikke kunne forlade værelset. Det er ligegyldigt, hvis barnet står op af sengen, eller hvis det falder i søvn på gulvet. Børn er ikke dumme, og det er sjældent, at den slags forekommer. Men hvis det sker, er det nok at lægge barnet tilbage

i sengen, når det sover. Det vigtigste er, at barnet befinder sig i værelset, at det falder i søvn derinde, og at barnet er alene.

Indtil nu har vi fortalt historien ud fra jeres synsvinkel. Men hvordan oplever Johannes det?

Til at begynde med kommunikerer børn med de voksne ud fra princippet aktion-reaktion. Den lille iværksætter en aktion i forventning om at opnå en reaktion fra den voksne. Hvis vi fx lægger en baby på 6-7 måneder ned i vuggen, siger godnat og går ud af værelset, er det muligt, at barnet finder på at klappe i sine hænder og synge „a-a-a". Hvilken reaktion vil barnet opnå som svar på denne aktion? Ikke nogen særlig. Forældrene siger formodentlig til hinanden, „Nej, hvor sødt". Derudover foretager de sig ikke yderligere. Men hvad ville der ske, hvis barnet begyndte at skrige ganske forfærdeligt? Forældrene ville straks løbe ind på værelset for at tage sig af barnet, og det er præcis den reaktion, barnet ønsker. Hvilken aktion vil barnet vælge næste gang for at få sine forældre til at komme? Det er oplagt, at det ikke vil give sig til at synge eller klappe i hænderne, i stedet vil det nok foretrække en mere hard core løsning. Hvis en baby på et halvt år er i stand til at gøre sådan, hvad kan barnet så ikke finde på, når det er et år eller mere, hvor det desuden kan tale og bevæge sig mere eller mindre behændigt?

Som det er blevet illustreret, hersker der ikke den mindste tvivl om, at Johannes er et intelligent lille væsen, meget intelligent endda. Og han vil ikke uden videre give efter for jeres vilje. Hvis et barn ser, at det bliver puttet på en anden måde, end det er vant til, hvad vil det så gøre for at genvinde sine privilegier? Barnet vil forsøge at fremprovokere den reaktion, det ønsker fra sine forældre.

Lad os vende tilbage til det øjeblik, hvor forældrene siger godnat til den lille. Det er sandsynligt, at Johannes, inden forældrene overhovedet når så langt, har kylet Teddy langt pokker i vold sammen med sutterne, der flyver rundt i luften. Hvis I samler det hele op, vil barnet smide det ned igen, og hvis I samler det op endnu en gang, vil det hele ende på gulvet en gang til. Hvem vinder? Det gør Johannes selvfølgelig, for han har iværksat en aktion, og I har bidt på.

Han har nemlig opnået den reaktion fra jeres side, som han søgte.

Hvad kan man gøre? Lad os forestille os følgende situation: En af jer taler med barnet, som giver sig til at smide tingene på gulvet for at fange jeres opmærksomhed, samtidig med at det græder bittert. Den, der fører ordet, fortsætter med at tale, som om intet var hændt, og når I har sagt, hvad der skal siges, samler I det hele op og lægger det ned i sengen igen, uden at gøre en sag ud af det, siger godnat og går ud af værelset. Det mest sandsynlige er, at Johannes smider det hele på gulvet igen, mens I er på vej ud af værelset, men I skal ikke samle tingene op. Hvem har nu vundet?

Det samme gælder, hvis I putter barnet, og det rejser sig igen, og I putter det en gang til. Hvad gør barnet? Det rejser sig selvfølgelig igen. Sådan ønsker I ikke at fortsætte hele natten, vel? Johannes kunne sikkert godt, fordi det ville betyde, at I var sammen med ham. Men I skal selvfølgelig ikke overgive jer. Læg Johannes ned i sengen, og derefter må han så gøre, hvad der falder ham ind, I skal ikke foretage jer noget.

Hvilke andre trick vil barnet benytte sig af? Ud over de trick, som vi allerede har talt om – at bede om noget at drikke, at bede om at komme på toilettet osv. – kan barnet også finde på at kaste op. Det skal I ikke blive forskrækkede over, barnet fejler ikke noget. Børn kan relativt let fremprovokere en opkastning. Selv om I selvfølgelig har ondt af barnet, skal I forsøge at virke upåvirkede. Gør rent efter det lille uheld, skift betræk og pyjamas, hvis det er nødvendigt, og fortsæt så jeres „program", som om intet var hændt.

Hvad kan Johannes ellers finde på? Græde. Og han vil ikke kun græde, han vil også se på jer med det sørgmodigste blik, han kan lave. Det er hans mest effektive våben, og han ved det. Når alt kommer til alt, er det jo det første sprog, han lærte at kommunikere med. I håbet om at opnå forbarmelse vil han rette sine blanke øjne mod den af jer, som altid er hurtigst til at komme ham til undsætning, når han græder. Han bruger altså helt bevidst sin gråd som en form for aktion. Men forældrene kan udmærket skelne mellem, om han græder, fordi han er ked af det, eller om han gør det for at opnå noget. Derfor ved de, at Johannes ikke har det „så forfærdeligt", som det lyder. De bevarer roen og fortsætter med deres lille tale. Når de er færdige går de, selv om Johannes græder, og selv om de har medlidenhed med ham.

SÅDAN GENOPTRÆNER MAN SOVEVANEN

1. Skab et ritual omkring sengelægningen (syng en sang eller læs en historie).
2. Ritualets formål er ikke at få barnet til at falde i søvn, men tjener ene og alene det formål at barnet associerer det med en rar stund, inden det skal sove.
3. Forældrene bør forlade værelset, inden barnet falder i søvn.
4. Hvis barnet begynder at græde, skal forældrene gå ind i værelset med små mellemrum for at trøste barnet, indtil det falder i søvn alene. Men forældrene skal ikke give sig til at gøre noget for at få det til at sove eller tie stille.

Det er klart, at „det store slag" kun lige er begyndt. I det øjeblik I forlader værelset, vil Johannes' gråd højst sandsynligt tage til i styrke i sådan et omfang, at han vil kunne høres i hele huset (måske endda helt ind til naboen). Det er vigtigt, at I ikke bare går og lader Johannes ligge og græde, til han falder i søvn af ren og skær udmattelse. Det er I garanteret engang blevet anbefalet at gøre, men det er helt forkert. Grunden hertil er, at I er i gang med at genoptræne hans sovevane. Det er ikke en straffeaktion, I har iværksat imod ham. Hvis I lader ham græde i søvn, vil han tro, at han bliver straffet og forladt. På den anden side skal I heller ikke gå ind på hans værelse og trøste ham, før der er gået et stykke tid.

Hvor længe? Til at begynde med skal en af jer gå ind til Johannes efter *kun ét minut*, så Johannes kan se, at I stadig er der. Formålet er hverken at få ham til at tie stille, at få ham til at falde til ro eller at få ham til at sove. I skal kun gøre det for, at Johannes kan blive klar over, at I ikke har forladt ham. Den af jer, som går ind på Johannes' værelse, skal stille sig i en vis afstand fra sengen (for at han ikke kan gribe fat i jer). Hvis Johannes er stået ud af sengen, skal han lægges tilbage igen. I skal endnu en gang tale til ham i ca. 10 sekunder, hvor I stille og roligt forklarer ham dét, som han allerede fik at vide før. „Kære lille skat, mor og far elsker dig meget højt, og vi er i gang med at lære dig at sove, derfor skal du sove her sammen med Teddy, din plakat og sutterne. Kan du nu sove godt." Hvis Johannes har smidt det hele på gulvet, lægger I det på ny ned i sengen til ham og går derefter igen ud af værelset, lige meget om Johannes skriger, græder eller atter en gang er stået ud af sengen.

TIDSOVERSIGT

Antal minutter som bør gå, inden forældrene
går ind i værelset til det grædende barn.

		HVIS BARNET BLIVER VED MED AT GRÆDE		
Dag	Første gang	Anden gang	Tredje gang	De følgende gange
1	1	3	5	5
2	3	5	7	7
3	5	7	9	9
4	7	9	11	11
5	9	11	13	13
6	11	13	15	15
7	13	15	17	17

Disse tidsintervaller gælder, både når man putter barnet første gang ved 20-tiden, og når det vågner midt om natten. Intervallerne øges gradvist med antallet af gange, I går ind til barnet, og til sidst vil det forstå, at det ikke opnår noget ved at græde, og det vil ende med at falde i søvn alene. Skemaet viser desuden, at intervallerne øges yderligere i takt med at dagene skrider frem.

Nu er det bare om at holde ud, selv om det er hårdt. Anden gang skal I vente 3 minutter. Hvis Johannes fortsat græder, når tiden er gået, skal en af jer – I kan skiftes – atter gå ind på barnets værelse og gøre nøjagtigt som før. Tredje gang skal I vente 5 minutter, inden I går ind til ham, og igen skal den samme scene udspilles. Herefter skal der gå 5 minutter mellem hver gang, I går ind og ser til barnet. I tilfælde af at I ikke kan holde ud at vente så længe, kan I gøre det for hvert tredje minut.

Det er vigtigt, at I bliver ved med at gå ind på barnets værelse, så det ikke føler sig forladt. Dernæst må I endelig ikke trække tiden længere end de angivne 5 minutter, som er det længste tidsrum, barnet kan være alene på genoptræningens første dag. Det vil være synd for barnet at vente længere, for det, et barn frygter allermest, er, at forældrene holder op med at elske det og forlader det. Hvis ikke I går ind til barnet, vil det nemlig være det budskab, barnet opfanger. Hvis I derimod går ind til barnet og taler kærligt og roligt, vil Johannes ende med at forstå, at hans forældre ikke har forladt ham, og at de elsker ham højt. Samtidig vil han forstå, at ligegyldigt hvor meget han græder og stiller sig an, så bliver de ikke hos ham, og at der ikke sker noget ved at være alene, når han skal sove. Alt dette vil berolige ham og give ham den tryghed, som han sådan behøver, og til sidst vil det lykkes for ham at falde i søvn alene. Hvor længe vil barnet så være om at falde i søvn? Nogle børn har vanskeligere ved at forstå budskabet end andre, men normalt vil det maksimalt tage 2 timer.

Sagen er nu den, at Johannes falder i søvn. Men eftersom hans ur endnu ikke er ordentligt indstillet, vil han vågne igen efter 1-3 timer. Han vil sandsynligvis råbe, at han er „tørstig", „sulten" eller „bange" for nu at tage nogle eksempler. Det, I skal gøre, er at gentage hele forløbet og samtidig overholde tidsoversigten. Eftersom det er den første dag, skal I vente 1 minut, før I går ind på værelset og snakker med ham, hvorefter I atter forlader værelset. Anden gang venter I 3 minutter, før I går ind til ham, den tredje og de næstfølgende gange skal der gå 5 minutter mellem „besøgene", indtil han igen falder i søvn.

Dette er fremgangsmåden, ligegyldigt hvilket tidspunkt på natten det er, for barnet har ikke nogen tidsfornemmelse. Men pas på. Når barnet vækker jer klokken 3, 4 eller 5 om morgenen, er det meget sandsynligt, at I er udmattede og derfor meget nemt kan falde for et af de trick, barnet bruger for at få jer til at give efter. Hvis I bare *én eneste gang* gør det, som barnet beder jer om: giver det noget at drikke, synger en sang, holder barnet i hånden et lille øjeblik, tager det op, vil alt det, I har opnået, være ødelagt. I vil ganske enkelt have spildt tiden, for barnet vil finde ud af, at det har en smutvej, og så kan I starte forfra. Hvis I derimod følger den beskrevne teknik til punkt og prikke, vil I blive overraskede over metodens hurtighed og effektivitet.

Når problemet er af psykologisk karakter

I begyndelsen af dette kapitel fortalte vi, at i kun 2 pct. af tilfældene skyldes børns søvnløshed psykologiske forhold. I disse tilfælde vil den beskrevne teknik ikke nødvendigvis give resultat, eftersom problemet er af følelsesmæssig karakter og ikke skyldes en forkert tilegnet sovevane. Som forælder skal man være opmærksom på, at begivenheder, der bringer jer ud af fatning, også påvirker de små. Hvis forældrene er urolige, opfanger børnene det, og så bliver de det også. Hvis forældrene således ikke er i stand til at videregive børnene den nødvendige sindsro og tryghed, kan det få konsekvenser for søvnen.

På den anden side vil barnets opvækst i sig selv medføre nye begivenheder, der kan påvirke barnet i en sådan grad, at det vil give sig udslag i angst om natten. Begivenheder, der kan forurolige barnet og have negative følger for søvnen, kan fx være: at blive flyttet fra forældrenes soveværelse til barnets eget værelse, at der kommer en lillebror eller -søster i familien, at barnet begynder i børnehaven eller at barnet har set voldsomme scener på tv.

I disse tilfælde er løsningen at finde frem til, hvad der fremkalder angsten, og løse problemet ad den vej. Nogle gange kan barnet have brug for psykologhjælp, og hvis det er tilfældet, vil forældrene normalt også få det (det kan være i forbindelse med skilsmisse, vold i hjemmet osv.).

Vigtigt: I kapitel VII kan I finde svar på nogle af de spørgsmål, som sandsynligvis vil dukke op omkring anvendelsen af denne metode.

V

TIDSMÆSSIGE ASPEKTER

(om hvordan man vinder over tidstyranniet)

Hvis I allerede har anvendt metoden i praksis, bør jeres barn på nuværende tidspunkt være ekspert i nattesøvn. Men hvis I er i tvivl om, hvor længe barnet skal sove, ønsker at ændre det tidspunkt, barnet skal i seng på, eller gerne vil have, at barnet vækker jer lidt senere om morgenen, bør I læse dette kapitel.

Hvor mange timer skal barnet sove?

På samme måde som det er tilfældet med voksne, behøver nogle børn mere søvn end andre. Det skal man selvfølgelig altid tage højde for, men det følgende kan sagtens bruges som en vejledning.

Nyfødte plejer at sove 16-17 timer dagligt, fordelt på perioder der kan vare fra 2 til 6 timer. Omkring tremåneders alderen er det normalt, at de med lidt hjælp begynder at tilegne sig døgncyklusen. Det indebærer, at de sover 3-4 gange i løbet af dagen, mens nattesøvnen bliver den længste søvnperiode på 5-9 timer.

I seksmåneders alderen sover børnene i alt 14 timer dagligt. De sover på det tidspunkt kun to gange i løbet af dagen, og nattesøvnen forlænges til mellem 10 og 12 timer. Hvis barnet allerede har tilegnet sig en god sovevane, vil det være i stand til at sove igennem hele natten.

Når barnet er mellem 12 og 24 måneder, reduceres søvnbehovet til 13 timer, og kort efter barnets første fødselsdag behøver barnet kun at sove én gang i løbet af dagen, typisk om eftermiddagen. Fra da af bliver barnets søvnbehov mindre og mindre.

For at kontrollere om jeres barn sover nok, kan I kigge på nedenstående skema. Men vær opmærksom på, at disse angivelser er gennemsnitlige. Det vil sige, hvis jeres barn sover enten 2 timer mere eller mindre end det, der er angivet, så er det ikke ensbetydende med, at barnet har et søvnproblem.

BØRNS SØVNBEHOV	
	Antal timer
1 uge	16-17
3 måneder	15
6 måneder	14
12 måneder	13¾
18 måneder	13½
2 år	13
3 år	12
4 år	11½
5 år	11

Hvis barnet imidlertid sover endnu mindre, skal I observere dets opførsel for at kontrollere, om det udviser symptomer på søvnmangel. Hvis barnet fx er irritabelt, søvnigt, fraværende eller har koncentrationsbesvær, bør I se nærmere på dets sovevaner for at finde ud af, om det burde sove flere timer.

Hvis barnet derimod sover flere timer end angivet i skemaet, bør I undersøge om dets vækst er normalt, og om det er opmærksomt og aktivt. Hvis det er tilfældet, skal I ikke bekymre jer. Det eneste, der er at sige til det, er, at I har været så heldige at få en lille sovetryne.

Kan vi ændre barnets soverytme?

Det er muligt, at jeres barn sover flere timer om dagen end om natten, eller at det falder i søvn meget tidligt om aftenen og vågner tidligt om morgenen uden den mindste lyst til at lægge sig til at sove igen. Det er ikke nogen stor katastrofe, for I kan på en meget simpel måde omlægge barnets soverytme.

For at ændre på rytmen skal I blot uge for uge udsætte sengelægningen ca. 30 minutter[16]. I skal ikke tvinge barnet, men gøre det gradvist, så det tilpasser sig lidt efter lidt. Alt afhængig af hvor stor forandringen er, vil omlægningen af soverytmen tage kortere eller længere tid. Men I kan faktisk vænne barnet til at sove på det tidspunkt, som I finder passende. Så længe I blot bruger jeres sunde fornuft og ikke tvinger barnet. Det vigtigste er, at I ikke knækker barnets selvtillid.

En afsluttende bemærkning i denne sammenhæng er, at hvis barnet sover meget lidt om natten, fordi det sover for meget om dagen, kan I løse det ved at lade barnet sove færre timer om dagen.

Kan man gøre noget for, at barnet lader os sove noget længere om morgenen?

En baby har ingen anelse om, hvad klokken er, og den er også ligeglad. Når babyen vågner om morgenen, er det fordi, den er udhvilet, og normalt vil det – til jeres fortrydelse – ske meget tidligt. Hvis barnet kalder, skriger eller græder, hjælper det ikke at lade som om, I ikke hører det. I det tilfælde er det bedst at gå hen til barnet med det samme, selv om I ikke af den grund behøver at tage barnet op af vuggen. Hvis barnet derimod kun pludrer uden at protestere, så bliv hvor I er. Lidt efter lidt vil barnet vænne sig til at være alene en stund uden at være i selskab med en voksen.

Medmindre barnet er sultent, eller der er andet i vejen, vil det

---

[16] Det ideelle vil være, at barnet lægges i seng mellem klokken 20 og 20.30 om vinteren og mellem klokken 20.30 og 21.00 om sommeren.

fornøjet blive liggende i vuggen, hvis det har noget at underholde sig med. Når børn er helt små, kan de blive adspredt ved at kigge på en uro eller et hvilket som helst andet stykke legetøj, der passer til deres alder. Desuden skal I vide, at hvis I fornemmer, at babyen føler sig godt tilpas, når bleen er skiftet, og den har fået sutteflaske, er det muligt, at I kan få en times søvn mere.

Når barnet er blevet noget større, kan I prøve at gemme en lille overraskelse i fodenden, hvis det vågner tidligt på grund af trafikstøj, lys, kulde eller varme. Det kan fx én dag være nogle bøger, en anden dag en æske med farver og et lille hæfte, og en tredje dag kan det være noget legetøj. I kan også placere en sutteflaske eller et glas vand, en bolle eller nogle kiks inden for barnets rækkevidde.

Fra treårsalderen, når barnet er i stand til at forstå og samarbejde med jer, kan I anvende et „trick", der kan give jer mulighed for at sove lidt længere. Forestil jer fx, at jeres barn normalt vågner klokken 8 om morgenen, og I gerne vil have, at barnet lader jer sove til klokken 10^{17}. Hvad kan I så gøre?

Først køber I et ur, som man kan tage glasset af, og placerer et lille klistermærke ved 10-tallet. Derefter fremstiller I en kalender. Eftersom barnet endnu ikke er stort nok til at vide, hvilken dag i ugen det er, sætter I en papirstrimmel op på væggen, hvor I har tegnet syv kvadrater – en for hver dag i ugen. De kvadrater, der svarer til lørdag og søndag, skal have en anden farve, for at barnet kan se forskel på dagene. Hver aften udpeger I sammen med jeres barn, hvilken dag det er i ugen. Mandag er det første kvadrat, tirsdag det andet osv., mens I siger: „I dag er det mandag", „I dag er det tirsdag." Fredag eftermiddag, når barnet kommer hjem fra børnehave, skal I fortælle det, at den følgende dag er lørdag, og at det derfor er en ganske særlig dag. Denne dag er det nemlig barnet, som skal påtage sig rollen at vække sine forældre. Der findes ikke noget mere effektivt end at lade barnet spille en hovedrolle!

Hvordan kan barnet så vide, hvornår det skal vække jer? Til det

---

[17] En foræring på to timer ekstra bør være nok. At bede om mere er for meget.

formål skal uret bruges. I forklarer barnet, at „når den lille viser peger på klistermærket, skal du komme og vække os, og så vil vi give dig en overraskelse" (eller „så laver vi noget sjovt sammen", „så giver vi dig en lille gave" osv.). Overraskelsen kan være hvad som helst, der falder jer ind. I kan fx gemme balloner under sengen, lege pudekamp, puste med serpentiner eller forære barnet en lille gave. Det behøver ikke være noget særligt, det skal blot være noget, som barnet ikke forventer. I må dog under ingen omstændigheder bede barnet om noget i retning af: „Kan du ikke vente lidt længere, vi kommer lige om lidt" eller „Læg dig lidt sammen med os." Når barnet har overholdt sin del af aftalen, er det jeres ansvar at gøre det samme.

Hvordan kan man så få barnet til at vente i de to timer om morgenen mellem klokken otte og ti? I skal ganske enkelt forberede morgenens begivenhed. Fredag eftermiddag, når barnet hentes i børnehaven, går I begge eller én af jer ud sammen med barnet og køber morgenmaden til dagen efter. Det er vigtigt, at I gør det i fællesskab, så barnet føler, at det deltager. Køb noget som barnet specielt godt kan lide, fx en lille kakaomælk, en croissant, en bolle eller hvad det nu måtte være. Om aftenen sætter I det på barnets natbord, så barnet næste morgen har det hele inden for rækkevidde.

En anden god idé er at købe et „særligt" stykke legetøj, som kun må tages frem lørdag og søndag morgen. Det vil sige, man giver barnet en ny ting, der hjælper til med at fordrive ventetiden.

Hvad vil der ske nu? Den første dag vågner barnet klokken otte, spiser sin morgenmad, og fem minutter over otte kommer det løbende ind i jeres soveværelse og råber „Nu skal vi lege!" Det er logisk, for barnet har ikke lært det helt endnu. I skal derfor gøre det samme, som I gjorde om aftenen. Gå med barnet ind på værelset, vis det uret og forklar, at klokken endnu ikke er ti, at det ikke gør noget, og sig: „Du skal blive her lidt endnu og lege med dit legetøj, og når den lille viser peger på klistermærket, skal du vække os, og så giver vi dig en overraskelse." Her kan I med fordel tage ugeskemaet fra side 67 i brug. Denne gang gør I det bare ikke for at få barnet til at sove, men for at det kan lære at lege og være alene et lille stykke tid.

Eftersom uret ikke har glas, kan I snyde lidt med det. Hvis barnet fx vågner klokken otte, og I har bestemt, at barnet skal kalde på jer klokken 10, kan I stille uret en time frem. Når barnet vågner, viser uret 9, og så skal det kun vente en time, indtil det kan gå ind til jer. Barnet vil naturligvis ikke forstå klokketimerne, men det vil hæfte sig ved klistermærket og den lille viser. Når barnet har lært det, kan I lidt efter lidt flytte på viserne, så barnet til sidst bliver i stand til at vente to timer. Held og lykke!

VI

ANDRE PROBLEMER

(om hvordan man tackler mareridt og andre søvnforstyrrelser)

Under betegnelsen søvnforstyrrelser grupperes alle de fænomener, som indtræder under søvnen, uanset om de afbryder søvnen eller ej. Det er en blanding af søvntilstande og delvis vågentilstande: søvngængeri, natlige angstanfald, mareridt, tænderskæren, talen i søvne og bevægelser i søvne[18]. Almindeligvis er søvnforstyrrelser i barndommen ikke alvorlige, selv om man må erkende, at de kan forstyrre familielivet. Disse forstyrrelser forekommer hyppigst i tre- til seksårsalderen.

SØVNGÆNGERI

Et typisk tilfælde vil være et fire- til femårigt barn, der står ud af sengen, tænder lyset og stavrer ubehjælpsomt rundt med åbne øjne. Barnet går ind på badeværelset for at tisse, men i stedet for at gøre det i wc-kummen, tisser barnet i badekarret eller i en sko (det skal I ikke blive forskrækkede over, det vil i givet fald ikke være første gang noget sådant sker). Derefter går barnet tilbage til værelset, slukker lyset, lægger sig ned i sengen og sover videre. Dagen efter husker barnet intet.

---

[18] Selv om ufrivillig natlig vandladning forekommer, mens barnet sover, er det ikke en forstyrrelse, der har forbindelse med søvnen. Det er derfor heller ikke et problem, søvnspecialisterne tager sig af, det gør derimod børnelægerne.

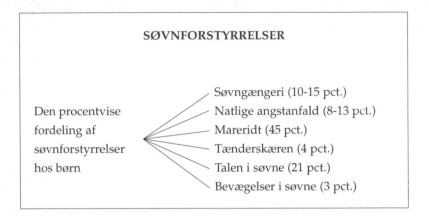

Søvngængeri plejer at indtræde i løbet af den tredje eller fjerde time af søvnen. Der er tale om automatiske gentagelser af adfærd, som er indlært i dagtimerne. Men det, at søvngængeren befinder sig i en dyb søvn, forklarer, hvorfor personen optræder klodset og ubehjælpsomt. Årsagen til disse episoder kender man ikke, og der eksisterer ikke en behandling, som kan forhindre dem i at opstå. Søvngængeri plejer at optræde hyppigere i familier, hvor der har været fortilfælde af søvngængeri, og det forsvinder som regel igen i løbet af puberteten.

Når det er sagt, skal I vide, at det drejer sig om en godartet forstyrrelse, der slet ikke er så farlig, som man normalt tror. En søvngænger kaster sig fx aldrig ud ad vinduet. Hvis jeres barn er søvngænger, bør I dog for god ordens skyld indføre visse sikkerhedsforanstaltninger for at afværge ethvert hændeligt uheld.

Hvad mere kan man gøre? Ud over at hjælpe barnet tilbage i sengen, kan man ikke gøre noget. I bør ikke vække barnet. Det er ikke rigtigt, at en søvngænger kan dø af skræk, som mange fejlagtigt tror, men barnet vil blive helt rundt på gulvet, hvis I vækker det. Barnet befinder sig i en dyb søvn, og det vil slet ikke kunne forstå, hvad der foregår. Det bedste er derfor at tale meget sagte til barnet og bruge simple sætninger: „Kom med i seng", „Kom med mig" osv. I skal hverken stille barnet spørgsmål eller forsøge at konversere med det. Når barnet er blevet lagt i seng, skal I lade det være i fred.

SØVNGÆNGERI

Eksempel

- Patient på 4½ år.
- Det seneste halve års tid er barnet stået ud af sengen ca. 3-4 gange om måneden efter at have sovet 2-3 timer. Barnet går ud på toilettet og tisser på gulvet.
- Barnet taler eller skriger normalt ikke, det tænder ikke lyset og husker intet dagen efter.
- Fysisk og psykisk er barnet helt normalt.
- Barnets far gjorde lignende ting som barn, og disse episoder forsvandt lidt efter lidt af sig selv.

MARERIDT

Mareridt optræder altid i den anden halvdel af søvnperioden – oftest omkring daggry[19]. Det er drømme, der skaber angst hos barnet, som derfor vågner skrigende og skræmt op og fortæller, at det er bange. Fordelen ved mareridtene er, at barnet er i stand til at beskrive dem: „Jørgen har slået mig", „Hunden bider mig", „Ulven vil spise mig." Det giver forældrene mulighed for at forsikre barnet om, at fx Jørgen eller ulven ikke findes, og de kan sige til barnet: „Det her er dit værelse, hvor du sover sammen med Teddy og dine andre ting. Far og mor er lige i nærheden, og du skal slet ikke være bange," hvorefter barnet kan falde til ro.

Som regel varer disse episoder nogle få uger og er forbundet med en udefrakommende begivenhed, der har forårsaget utryghed hos barnet. Hvis barnet er traumatiseret over noget konkret,

---

[19] Hvis barnet sover fra klokken 20.00 til klokken 8.00 dagen efter, strækker den første halvdel af søvnperioden sig fra det tidspunkt, barnet lægges i seng til klokken to om natten, mens den anden halvdel er den resterende tid.

vil mareridtene vende tilbage igen. Hvis I fx tvinger barnet til at spise, og hvert måltid forvandler sig til et drama, vil barnet på en eller anden måde føle sig forfulgt. Mareridtene afspejler denne utryghed. Men i takt med at den daglige utryghed aftager, vil mareridtene også mindskes i intensitet og hyppighed.

Hvis jeres barn har mareridt, er det ikke nødvendigt, at I konsulterer en læge. Det er tilstrækkeligt, at I hjælper barnet med at falde til ro. For ved at give barnet tryghed, vil det blive beroliget og dermed få bugt med mareridtene. Det er imidlertid ikke anbefalelsesværdigt, at I tager barnet med over i jeres seng, for det vil ødelægge barnets gode sovevane.

MARERIDT

Eksempel

- Patient på 5 år.
- Drengen vågner brat op og kalder skrigende på sin mor. Han forklarer hende, at værelset er fuld af „små dyr", der vil spise ham. De gemmer sig under sengen og har meget lange tænder.
- Mareridtene optræder oftest ved daggry og ca. 5-6 gange om ugen.

NATLIGE ANGSTANFALD

Natlige angstanfald optræder i første halvdel af søvnperioden. Det betyder, at de er forbundet med meget dyb søvn. De er karakteriseret ved, at barnet pludselig sætter sig op i sengen med åbne øjne og begynder at skrige, som om det havde frygtelige smerter. Når forældrene kommer ind til barnet, møder de typisk et blegt og skrækslagent barn, der har koldsved, og som ikke er i stand til at sætte sig i kontakt med omverdenen. Hvad end forældrene siger til barnet, genkender det dem ikke. Hvis forældrene ikke kender til disse natlige angstanfald, vil de mindst tro, at barnet er døden nær.

Men der sker ikke noget, barnet reagerer ikke, og det er ikke bevidst om, hvad der foregår. Det skyldes, at barnet befinder sig i en dyb søvn, andet er det ikke.

Dette angstanfald plejer at vare 2-10 minutter. Hvis det sker for jer, skal I ikke prøve at vække barnet, for det vil ikke lykkes. Barnet er i en dyb søvn, og hvis I vækker det, vil I kun gøre situationen værre. Dagen efter vil barnet intet huske om den natlige hændelse, i modsætning til mareridtene.

Det eneste, man kan gøre, er at blive hos barnet og holde øje med, at det ikke falder ud af sengen, hvis det bevæger sig meget. Derudover er der intet andet at gøre end at vente på, at anfaldet driver over og forsøge at bevare roen. Ligesom ved mareridtene plejer de natlige angstanfald at optræde i 2-3 årsalderen, og de forsvinder af sig selv i puberteten.

Bemærk, at hvis barnet holder op med at græde, når I går ind til det, er det ikke et natligt angstanfald, men en aktion barnet bruger for at opnå en reaktion fra jeres side. Her må man gå ind og genoptræne barnets sovevane.

NATLIGE ANGSTANFALD

Eksempel

- Patient på 3 år og 2 måneder.
- Pigen sætter sig pludselig op i sengen, skriger og er meget bange. Hun har frygt i øjnene, koldsved, ryster og græder voldsomt.
- Forældrene er meget urolige over situationen, fordi de ikke er i stand til at berolige pigen. Hun svarer dem ikke og reagerer ikke på noget som helst.
- Forældrene kan ikke komme i kontakt med hende.
- Det varer 2-10 minutter, og dagen efter husker pigen intet.

TÆNDERSKÆREN

Tænderskæren forekommer på grund af muskelspændinger, der har ophobet sig i kæbemuskulaturen. Under søvnen vil disse spændinger give øget aktivitet i kæbemusklerne, hvilket frembringer en skurrende lyd, som bekymrer mange forældre. I skal kun gøre noget, hvis barnets tænderskæren er så kraftig, at den volder skade på tænderne. Hvis det er tilfældet, skal I bede jeres tandlæge om at lave en bideskinne, som barnet skal have på hver aften. Hvis ikke det er så alvorligt, er det ikke nødvendigt, at I foretager jer noget, for i takt med at barnet bliver større, vil det holde op med at skære tænder.

TALEN I SØVNE

Det er muligt, at jeres barn skriger, græder, ler eller taler i søvne, fortrinsvis ved daggry. Som regel siger barnet løsrevne ord, de kan være forståelige eller ej. Endelig kan det også være korte sætninger, der kommer ud af barnets mund. Dagen efter kan barnet intet huske om dette. I skal ikke tage hensyn til det, barnet siger, da det befinder sig i en sovende tilstand. Barnet kan i visse tilfælde vågne på grund af sine egne skrig, men bør dog være i stand til at falde i søvn igen.

BEVÆGELSER I SØVNE

De mest almindelige bevægelser i søvne er dem, hvor barnet støder hovedet ned i hovedpuden, eller hvor barnet ruller kroppen fra side til side, mens det ligger på maven. Tilsyneladende er der tale om en slags afslapningsøvelse, som barnet har lært sig for at falde i søvn. Disse bevægelser, der også kan ledsages af strubelyde, plejer at begynde, når barnet er ca. 9 måneder. Det er sjældent, at dette fænomen fortsætter længere end til toårsalderen.

Forældrene plejer at blive forskrækkede over de besynderlige bevægelser, som kan fremkalde nogen støj og endda være af en sådan styrke, at de kan flytte vuggen. Der er imidlertid ingen grund til bekymring, medmindre barnet volder skade på sig selv. Hvis barnet slår sig, må man tage nogle forholdsregler for at undgå det. Hvis barnet fx slår sig mod hovedgærdet, kan man polstre det med puder, så barnet ikke kommer til skade. Hvis dette ikke beroliger barnet, og det i stedet beslutter sig for at slå sig mod tremmerne, skal I rådføre jer med en psykolog for at få udelukket en mulig psykopati. Et andet advarselssignal er, hvis barnet også i løbet af dagen konstant slår sig mod ting.

SNORKEN

Selv om det ikke er en søvnforstyrrelse, vil vi ikke afslutte dette kapitel uden at knytte nogle få ord til snorken, eftersom 7-10 pct. af alle børn jævnligt snorker. Det kan være hensigtsmæssigt at konsultere en specialist, hvis der er tale om en vedvarende snorken, og specielt hvis I bemærker, at barnet trækker vejret med åben mund og har vejrtrækningsbesvær.

VII

SPØRGSMÅL OG SVAR

(om hvordan man løser de mest almindelige tvivlsspørgsmål)

Hvornår er det ideelle tidspunkt at genoptræne barnets sovevane?

I skal gå i gang med det samme! *Forudsat at I begge er enige* om at gennemføre genoptræningen, at *I begge udmærket er klar over*, hvorfor I skal tage de forskellige skridt, og at *I er meget afklarede med, hvordan I skal reagere på de forskellige tidspunkter.* Hvis én af jer ikke er fuldstændig overbevist om metodens anvendelighed, er det bedst ikke at begynde. For det er en forudsætning, at I er meget rolige og sikre på det, I gør. Ellers vil det ikke lykkes. Husk, at barnet opfanger de signaler, I udsender, og hvis I er nervøse og utrygge, vil det være det, barnet bemærker. Barnet forhindres dermed i at føle den ro og tryghed, det behøver for at kunne lære.

For ikke at forandre barnets omgivelser samtidig med, at I indleder genoptræningen, er det vigtigt, at I vælger en periode, der ikke falder sammen med flytning eller weekendture – i det mindste ikke de første 10 dage. Det er også væsentligt, at det ikke falder sammen med udefrakommende påvirkninger. Hvis I har et familiemedlem eller en ven boende hos jer nogle dage, skal I derfor udsætte genoptræningen, indtil I er alene igen. Der er ikke noget værre end at skulle høre på kommentarer af typen: „Er I nu sikre på, hvordan I skal gøre det?" eller „Den lille stakkel, i vores tid var det bare om at holde ud. Ungdommen er nu ikke, hvad den har været."

Et sidste råd med hensyn til de ikke altid så forstående naboer, som banker på væggen, så snart de hører barnet græde, som truer med politiet eller kommer med tåbelige kommentarer: „Nu hørte vi barnet græde igen. I mishandler det vel ikke?" For at holde dem i ave er der ikke noget bedre at gøre end det, som en af vores patienters mødre gjorde. Hun henvendte sig direkte til en af de mest besværlige naboer og sagde: „Du må meget undskylde, hvis vi er til ulejlighed, men sundhedsplejersken har fortalt, at min søn har mellemørebetændelse, hvilket er meget pinefuldt for ham. Derfor vil jeg undskylde på forhånd, hvis I skulle høre ham græde. Det er ganske forfærdeligt. Hvis ikke det går over i løbet af nogle få dage, skal han opereres." Moren begyndte genoptræningen samme aften, og dagen efter mødte hun naboen i trappeopgangen: „Vi hørte ham græde, den arme stakkel, hvor må det gøre ondt på ham!" På mindre end en uge sov drengen allerede, og moren kunne fortælle naboen, at hendes søns mellemørebetændelse på mirakuløs vis var forsvundet.

Hvem skal genoptræne barnets sovevane: moren, faren, barnepigen …?

Det er fuldstændig lige meget, forudsat at den person, som skal gøre det, har læst instruktionerne og ved, hvordan man gør. *I princippet bør såvel moren, faren som barnepigen vide, hvordan man griber genoptræningen an*, så alle kan tage del i den. Hvis det fx er barnepigen, der putter barnet om eftermiddagen, er det hende, som på det tidspunkt skal tage sig af genoptræningen. Hvis det er moren, der lægger barnet i seng om aftenen, er det hende, der står for det. Og hvis det er faren, der putter barnet i weekenderne, så er det hans tur til at gøre det. I sidste ende *er det ikke så vigtigt, hvem der gør det, det vigtigste er, hvordan det gøres*.

Hvis det er muligt at vælge, anbefales det under alle omstændigheder, at forældrene indleder genoptræningen, allerhelst den mest rolige af jer. Men eftersom det er meget sandsynligt, at I skal ind på barnets værelse mange gange for at „lære barnet at sove alene", kan I skiftes, så barnet kan se, at I gør det på samme måde.

Husk, det er ikke vigtigt, hvem der giver barnet mad, så længe alle gør det på samme måde og serverer maden i en tallerken og lader barnet spise med en ske. Det samme gør sig gældende med hensyn til at lægge barnet i seng.

Kan barnet sove hos bedsteforældrene?

Bedsteforældre er til for at forkæle deres børnebørn, mens forældre er til for at opdrage deres børn. Det betyder, at der mindst skal gå 10 dage, efter at genoptræningen er påbegyndt, før I kan bede bedsteforældrene om at tage sig af barnet en nat. Barnet bør på det tidspunkt have lært at sove bedre, hvis det da ikke allerede gør det uden problemer.

Vær opmærksom på, at I ikke skal prøve at forklare metoden over for bedsteforældrene. I skal heller ikke forsøge at få dem til at gøre det samme, som I gør derhjemme. Sagen er jo den, at bedste forældre alligevel næsten aldrig gør noget af det, I foreslår. Det er naturligt, for deres rolle er en anden.

Det er tilstrækkeligt, at I forsøger at give dem en *overfladisk idé* om de mest simple regler. I kan fx forklare dem, at barnet skal sove på nogle bestemte tidspunkter, at de ikke skal gøre noget for at få barnet til at sove, og at de hverken må glemme bamsen eller sutterne (hvis barnet altså bruger dem). Bedsteforældrene vil derefter gøre det, de mener er bedst. Det skal hverken bekymre eller ophidse jer.

Barnet vil hurtigt opdage, at hjemme hos bedsteforældrene hersker der andre regler end derhjemme. I skal ikke være bange for, at det ødelægger barnets genoptræning, forudsat at I genoptager den, når I kommer hjem igen, hvor I stille og roligt skal fortsætte på samme måde som før.

Hvis bedsteforældrene derimod passer barnet hver dag, bør de nøje følge de samme instruktioner som jer, for barnet må som bekendt ikke modtage modstridende instrukser i løbet af genoptræningen. Alle dem, der putter barnet til daglig, bør gøre det på samme måde.

Hvad gør man, hvis man gerne vil på weekendophold?

Det er ikke nødvendigt, at I lejer en lastbil for at kunne medbringe Teddy, uroen, plakaten, sengen og alle de andre ting fra børneværelset. Det eneste vigtige er, at I husker Teddy og sutterne, og at *I forklarer barnet, at det skal sove et andet sted end sædvanligt.*

Når I kommer frem til bestemmelsesstedet, skal I forklare barnet, at det skal sove et andet sted, end det plejer. Det er en god idé at nævne nogle af de ting, der er på det pågældende værelse: en ny seng, gardinerne, billederne på væggen, lamperne osv.

I sidste ende handler det om at tilpasse den nye situation til det, I plejer at sige derhjemme. Fx: „Det her er det sted, du skal sove i nat sammen med Teddy, sutterne og alle de andre ting, du kan se herinde."

I skal ikke prøve at lyve over for barnet eller lade som ingenting. Barnet vil som bekendt føle sig trygt, hvis det er det, I udtrykker, og det opnår I kun ved at sige sandheden.

Hvad gør man, hvis barnet kaster op, tisser eller skal lave stort?

Det hænder, at børn under gråden kaster op for at få forældrene til at reagere. Børn kan, som vi tidligere har nævnt, fremprovokere en opkastning. Selv om det aldrig er sket før, er det muligt, at jeres barn vil gøre det, mens I er i gang med at lære det at sove. Men I skal ikke blive urolige.

Eftersom I er i gang med at genoptræne barnet, og *ikke i gang med at straffe det*, skal I, hvis barnet kaster op og græder hidsigt, tale sagte og på den måde berolige det: „Fordi vi lærer dig at sove, er du blevet så vred, lille skat, at du er blevet dårlig og er kommet til at kaste op. Men det gør ikke noget, mor og far elsker dig meget højt, og nu vil vi give dig en anden pyjamas på og skifte dynebetrækket. Og så sover du her sammen med Teddy, plakaten og din uro." Således løser man den unormale situation – opkastning – uden at ændre måden, hvorpå barnet lærer at sove.

Når barnet kaster op, iværksætter det en aktion, og det forventer dermed at få en reaktion, såsom: at I tager det op, giver det noget at drikke, vugger det lidt og er sammen med det, indtil det falder i søvn. I bør imidlertid ikke gøre noget af det, barnet forventer. I skal selvfølgelig passe barnet (skifte dets tøj osv.), men I skal ikke ændre måden at lære det at sove på. Da vil barnet hurtigt indse, at aktionen ikke nytter noget, og det vil holde op med at iværksætte lignende aktioner.

I kan reagere på samme måde, hvis barnet tisser eller laver stort. Hvis barnet laver stort med det formål at få opmærksomhed, skal I reagere, som hvis barnet havde kastet op. Hvis barnet gør jer opmærksom på, at det har tisset, skal I vente lidt med at gøre noget. Prøv at undersøge om det er rigtigt, uden at barnet lægger mærke til det. Efter nogle få minutter skifter I bleen og opfører jer på samme måde, som hvis det havde kastet op. Man skal lige vente lidt med at skifte barnet, for hvis I gør det med det samme, vil barnet tisse den ene gang efter den anden, for at I skal blive hos det. Hvis I tager den med ro, vil barnet forstå, at det ikke kan kontrollere jer, og det vil holde op med at bruge urinen som en måde at få jer til at reagere på.

Hvis barnet er sygt, kan vi så indlede genoptræningen? Hvad er der galt, hvis barnet pludselig får det dårligt midt under genoptræningsprocessen?

Det er ikke anbefalelsesværdigt at begynde genoptræningen, mens barnet er sygt. Det er bedst at vente, til barnet er blevet rask igen.

Hvis barnet bliver sygt under genoptræningen, bør I optræde på en noget anden måde. Det mest sandsynlige er, at barnet har feber. Derfor skal I gå ind til barnet, hver gang det græder, tage temperaturen og eventuelt give det den medicin, der passer i den givne situation. Prøv at stikke en fingerspids ind i barnets mund. Hvis den

er tør, skal I give barnet vand. Men husk, at vandet er mod febe-
ren, det er ikke for at få barnet til at sove.

Når I har gjort, hvad I kan for at forbedre barnets tilstand, skal I
igen begynde at forklare barnet, at det skal sove i værelset sammen
med „Teddy, plakaten, sutterne og uroen", hvorefter I går ud af
værelset. Det forhindrer jer dog ikke i at sætte jer sammen med
barnet et par minutter og tale stille og roligt med det. Naturligvis
forudsat at barnet ikke falder i søvn, mens I sidder hos det.

Når barnet begynder at græde igen, *skal I ikke vente* det antal mi-
nutter, som tidsoversigten i kapitel IV indikerer. I skal i stedet gå
ind til barnet og gentage handlingen fra før: Tjek barnets tempera-
tur, giv det om nødvendigt medicin og læg fugtige klude på bar-
net for at få temperaturen til at falde. Det vil sige, gør alt det I kan
for at mildne barnets tilstand, og lad det igen være alene med
„Teddy, plakaten, sutterne og uroen", og gå ud af værelset.

Så snart barnet har det godt, skal I fortsætte med den „traditio-
nelle genoptræning". Det kan være vanskeligt, hvis I har været
meget eftergivende. Jeres barn vil ikke afstå fra de privilegier, som
det nød godt af, mens det var sygt. Derfor vil barnet prøve alle for-
mer for kneb – det vil sige iværksætte aktioner – for at genvinde
den tjenstvillighed, som I udviste under sygdommen. I skal blot
være konsekvente, venlige og ubestikkelige og gentage den genop-
træningsteknik, som vi har forklaret.

Mit barn går i børnehave. Betyder det, at jeg skal give barnet specielle instruktioner?

Ofte sover børnene godt i børnehaven, fordi der køres efter et godt
organiseret skema. Børnene spiser frokost klokken 12 og får et mel-
lemmåltid klokken 15. De ansatte får børnene til at sove middags-
søvn på det samme tidspunkt hver dag i omgivelser, hvor de eks-
terne elementer altid er de samme. Pædagogerne i børnehaven kan
ikke tage specielle hensyn til det enkelte barns vaner, og som følge
heraf plejer de at anvende nogle rutiner, som barnet hurtigt lærer.

Mange mødre – der med tyngende skyldfølelse tilstår, at deres barn sover meget dårligt og vågner flere gange om natten – fortæller interessant nok, at deres barn ikke har problemer med at sove i børnehaven. De siger fx: „Jeg talte med børnehavepædagogen og forventede, at hun ville fortælle, at det altid var et værre mareridt at få min søn til at sove middagssøvn, men hun svarede mig: 'Vel er det da ej. Han sover lige så godt som de andre børn. Vi lægger ham på en madras, og de andre børns hosten eller lyde forhindrer ham ikke i at falde i søvn.' Så er det, jeg spørger mig selv, at hvis det er rigtigt, hvorfor laver han så sådan et postyr derhjemme?"

Konklusionen på ovenstående er, at I skal glemme alt om, hvad der foregår i børnehaven. I skal kun koncentrere jer om, hvad I gør derhjemme. Lad jeres barn gøre som de andre børn i børnehaven, uden at blande jer i de vaner, de har der.

Hvorfor lider nogle børn af søvnløshed, mens andre ikke gør? Er det arveligt betinget?

Som det allerede er blevet beskrevet, begynder barnet efter de første 2-3 måneder af sit liv at sove i længere og længere perioder om natten. Det hænger som nævnt sammen med en gruppe særlige cellekerner i hjernen. Disse celler fungerer som et indre ur, der tidsbestemmer babyens forskellige behov for søvn, mad osv., indtil barnet har indrettet sig efter den biologiske døgnrytme (jf. kapitel II).

Hos nogle børn går dette ur særdeles hurtigt i gang, hos andre går det langsommere. Disse børn har brug for, at man er mere omhyggelig med at lære dem om rutiner og sovevaner, så deres ur kan begynde at fungere og de dermed kan tilegne sig døgnrytmen. Derfor kan der i en og samme familie være børn, der ingen problemer har med at sove, mens andre lider af søvnløshed.

Man kender ikke årsagen til, at nogle børn (cirka 35 pct.) har et indre ur, som går langsomt i gang. Nogle hævder, at det er arveligt betinget. Men der findes endnu ikke videnskabelige beviser, der bekræfter denne hypotese.

Vi ved, at det ikke er tilrådeligt, at barnet får koffeinholdige drikkevarer, men er der noget, man bør holde sig helt fra?

Alle de fødevarer, der har en stimulerende effekt, kan påvirke søvnen. Koffein, som findes i kaffe og cola, kan vanskeliggøre søvnen. Også kakao, der findes i chokolade og naturligvis i kakaoholdige drikke, kan hindre søvnen ved overdreven indtagelse. Disse produkter er derfor ikke tilrådelige under eller efter aftensmåltidet.

Det er påvist, at nogle fødevarer indeholder opkvikkende stoffer, mens andre indeholder beroligende stoffer. Fx er proteiner (der findes i kød) stimulerende, mens kulhydrater (der findes i grød og pasta) i højere grad støtter søvnen. Man kan derfor med fordel give børn proteiner midt på dagen og kulhydrater om aftenen.

Man anbefaler at bade barnet efter aftensmåltidet. Er der noget i vejen for, at jeg gør det omvendt, eller måske ligefrem bader det om morgenen?

Den hygiejniske pleje, som badet er en del af, er noget barnet lærer på linje med dagligdagens øvrige handlinger. Der er knyttet en række eksterne elementer til denne konkrete handling (vand, badekar, badesvamp, håndklæde osv.). Det er ligegyldigt, hvornår på dagen man bader sit barn. Det vigtigste er, at man altid gør det på samme måde, så barnet kan relatere den konkrete handling til, hvad der skal ske bagefter. Rækkefølgen kan fx være: badning, aftensmad, sengelægning. Eller hvis det er om morgenen: badning, morgenmåltid, gåtur osv. Det vigtigste er, at I ikke er anarkistiske og altid (eller næsten altid) sørger for, at tingene bliver gjort på de samme tidspunkter og under de samme betingelser.

Er det forkert at lade barnet se lidt tv inden sengetid?

Barnet tager ikke skade af at se tv, ligesom det ikke tager skade af at høre radio eller lytte til musik. *Men det er ikke sundt, hvis det bliver konstant, og hvis tv-vanerne kommer ud af kontrol.* Barnet bør se tv i et afgrænset tidsrum, fx en halv time. Hvis det er muligt, er det klart at foretrække, at det sker i selskab med en voksen, der forklarer, hvad det er, barnet ser.

Det bedste tidspunkt er mellem klokken 18.00 og 19.00, det vil sige før I påbegynder de forskellige rutiner med badning, aftensmad og sengelægning. Det er ikke anbefalelsesværdigt at lade barnet se tv efter aftensmaden, og inden det skal i seng. For barnet kan blive uroligt eller ophidset over noget, det har set. Derudover er det ikke godt, hvis barnet ligefrem går hen og falder i søvn foran tv'et.

Vores barn fortæller os, at det er bange, når vi slukker lyset

Det kunne tyde på, at I har haft lyset tændt på barnets værelse, indtil det faldt i søvn, og at I dermed ikke har givet barnet den korrekte indføring i sovevanen. Barnets reaktion er naturlig, fordi det forbinder lyset med søvnen. Hvis barnet vågner om natten, og lyset er slukket, vil barnet være af den opfattelse, at lyset mangler, og det vil græde, indtil det er blevet tændt igen.

For at få forældrene til ikke at slukke lyset, vil barnet forsvare sig med, at det er bange. Barnet ved, at dette er kodeordet for, at forældrene reagerer til fordel for dets ønsker.

Den mest effektive måde at ændre denne situation på er følgende:

A. Forvis jer om at barnet ikke har et alvorligt psykologisk problem, der fremprovokerer denne angst. Det gør I på følgende måde: Et barn, der har et sådant problem, vil være bange på et hvilket som helst tidspunkt af dagen – ikke kun om aftenen, når det skal sove. Det betyder, at barnet vil udtrykke denne angst i mange situationer i løbet af dagen. Barnet vil fx være bange for at gå alene på toilettet, se tv uden der sidder en ved siden af, følges med sin mor i supermarkedet osv. Denne form for angst er meget sjælden, og det mest sandsynlige er derfor, at barnet manipulerer med jer.

B. Når I har forvisset jer om, at barnet ikke har et psykologisk problem, skal I gå frem efter de principper, vi forklarede i kapitel IV vedrørende genoptræning af barnets sovevane.

Min søn begyndte at sove dårligt, da han var indlagt på hospitalet. Nu er han hjemme igen, men lider fortsat af søvnløshed

Drengen har typisk oplevet hospitalet som et fjendtligt sted, hvor han blev stukket, hvor de har taget hans temperatur, hvor han sandsynligvis har haft smerter, hvor de har givet ham medicin osv. Det er indlysende, at barnet ikke oplever alt dette som noget, lægerne og sygeplejerskerne gør for hans eget bedste, men at han derimod opfatter det som en aggression mod ham. Derfor er det sandsynligt, at et barn, der er indlagt, begynder at sove dårligt, selv om det før sov godt, eller at det begynder at sove endnu dårligere, hvis det før sov dårligt.

Under alle omstændigheder vil der være følger, når drengen udskrives. På hospitalet har han sovet i et værelse, der ikke var hans eget, og frem for alt har han konstant haft sin mor og far hos sig. Barnet forstår ikke, at forældrene var hos ham, fordi han var syg. Derfor tror han, at denne situation vil fortsætte, når han kommer hjem igen.

Hvad skal man gøre? Der er desværre ikke meget at gøre under selve hospitalsopholdet. Det bedste er at sørge for *at komme igennem det på en god måde*. Men når barnet kommer hjem, skal man starte med at lære det at sove igen, akkurat som vi forklarede i kapitel IV.

Hvilke faktorer kan fremprovokere søvnløshed?

Det er muligt, at ændringer i rutiner og vaner kan forårsage en tilbagegang eller en forværring i genoptræningsfasen.

Ankomsten af en lille ny påvirker fx radikalt et barns liv, når det finder ud af, at det ikke længere er „kongen eller dronningen i huset". At starte i vuggestuen eller i børnehaven vender også op og ned på barnets verden, fordi det opdager, at der er en masse andre børn, og at det derfor ikke længere er midtpunkt for alles opmærksomhed. Alle disse situationer vil være normale efter nogle få dage, når barnet har vænnet sig til det nye, og der er ingen grund til, at de skulle påvirke søvnen, *specielt ikke hvis forældrene ikke lader det ske.*

Hvad indebærer det? At en lillesøster eller -bror kommer til verden betyder ikke, at I skal lære jeres barn at sove på en anden måde. I skal fx ikke begynde at sove sammen med barnet, vugge det indtil det falder i søvn eller nogle af alle de andre ting, som I ved er forkerte i forhold til genoptræningen af barnets sovevane. At der bliver født en lillebror eller -søster indebærer jo heller ikke, at I begynder at lære barnet at spise på en anden måde. Det kunne jo ikke falde jer ind at servere suppen i et glas og få barnet til at drikke mælk af en kande osv. Nøjagtigt det samme gør sig gældende for søvnen.

Over for enhver ny situation, der måtte opstå, er det derfor afgørende at følge de samme opdragelsesrutiner: at tale med barnet om, hvad der foregår – altid på en rolig og bestemt måde – så barnet kan blive klar over, at fx lillebroren eller børnehaven ikke giver anledning til, at der skal ændres på sovevanerne.

En flytning bør heller ikke blive et problem. Man skal blot tale med barnet om, hvad der skal ske, og fortælle det, at det skal have et nyt værelse. Sørg for at dekorere værelset i fællesskab, med fx plakater, tegninger eller legetøj. På den måde fortæller I barnet sandheden og lader det deltage i forandringerne. Barnet vil således acceptere sit nye hjem med spænding og opleve det lige så normalt, som forældrene gør det.

Hvis disse situationer alligevel har givet anledning til problemer, bør I gå i gang med at genoptræne barnets sovevane, som det blev forklaret i kapitel IV.

Mit barn sover flere timer om dagen end om natten, hvordan kan der ændres på det?

Hvis barnet sover flere timer om dagen end om natten, er det tegn på, at barnet fortsat har en uorganiseret døgnrytme. Derfor skal I gå frem som angivet i kapitel V, hvor vi beskæftigede os med de tidsmæssige aspekter af at lære barnet at sove korrekt.

Hver nat ved fire-tiden vågner min søn på 14 måneder og vil have noget at drikke. Ved flere lejligheder drikker han næsten ingenting, andre gange tømmer han sutteflasken og lægger sig til at sove igen. Er denne opførsel normal?

Det er meget almindeligt, at børn får en sutteflaske eller drikker noget vand i løbet af natten, men det betyder ikke nødvendigvis, at de er sultne eller tørstige. Når børn får bryst, lærer de, at når de græder, får de stukket et bryst eller en sutteflaske i munden. Men i de fleste tilfælde er det, de rent faktisk beder om, forældrenes opmærksomhed, fordi de behøver menneskelig varme. Eftersom de ikke kan udtrykke det sprogligt, drikker de i stedet lidt – på den måde opnår de, at forældrene bliver hos dem – og bagefter falder de i søvn. Når barnet vågner igen for at bede om forældrenes selskab, giver moren og faren igen det lille barn bryst eller sutteflaske, da de tolker barnets gråd som tegn på, at det er sultent eller tørstigt.

Når disse børn er blevet lidt større, kender de „tricket", og de anvender det, for at deres forældre skal fortsætte med at komme og være hos dem om natten. At få noget at drikke har med andre ord forvandlet sig til en rutine, som er forbundet med søvnen. Børnene bruger dermed gråden og erklæringen om, at de er tørstige eller sultne som en aktion, der skal få forældrene til at reagere. Så *selv om barnet drikker af sutteflasken, er det ikke nødvendigvis, fordi det er sultent eller tørstigt.*

Børn skal have vand i løbet af dagen, men efter aftensmaden bør man ikke tilbyde dem mere. *Et barn, der drikker rigeligt vand i løbet af dagen, har ikke brug for vand om natten.* Hvis barnet vågner og beder om vand, er det i virkeligheden tegn på, at barnet har en dårlig indarbejdet sovevane, og I bør gå frem som anvist i kapitel IV. Det samme gør sig gældende med hensyn til sulten. Hvis barnet spiser godt i løbet af dagen, og dets vægt er normalt, har barnet fra 6-7-måneders alderen ikke brug for at spise midt om natten.

Den eneste undtagelse fra reglen om ikke at give barnet vand om natten er hvis barnet fx er sygt og har feber. Kort sagt, vand skal bruges til at behandle barnets sygdom med, *det skal ikke bruges for at få barnet til at falde i søvn.*

Min søn kommer meget sent i seng, fordi min mand plejer at arbejde til sent ud på aftenen, og han vil gerne se den lille, når han kommer hjem. Er det forkert? Er det muligt, at barnet sover bedre, når vi holder ham oppe så længe?

Denne situation er ret almindelig og til en vis grad forståelig, eftersom forældre jo ønsker at se deres børn. Men ærlig talt er det en temmelig egoistisk holdning at tilsidesætte barnets biologiske behov til fordel for ens egen lyst til at se barnet. Til gavn for barnets ve og vel er det derfor anbefalelsesværdigt, at I respekterer de sengetider, vi har foreslået (klokken 20.00 til 20.30 om vinteren og 20.30 til 21.00 om sommeren).

Af samme grund vil vi ikke råde jer til at forlænge eftermiddagssøvnen overdrevent længe eller placere den sidst på eftermiddagen for at kunne holde barnet vågent længere tid om aftenen. Det eneste, I opnår, er at forstyrre barnets søvnrytme yderligere.

Det ideelle tidspunkt at lægge barnet i seng på er som bekendt mellem klokken 20 og 21, fordi hjernen har lettest ved at falde til ro i dette tidsrum. Barnet vil ikke have lettere ved at falde i søvn, hvis I lægger det sent i seng – derimod vil det have overskredet sin sengetid. Forældre, der har prøvet dette „trick", ved det kun alt for godt.

Det er således vigtigt at være opmærksom på, at I ikke tilsidesætter barnets behov til fordel for jeres egne. Specielt når barnet er 5-7 måneder, er det af stor betydning, at I hjælper det med at tilegne sig nogle gode sovevaner. Ellers vil det få konsekvenser for barnets fysiske og mentale helbred.

Hvordan kan jeg vide, om barnet græder på grund af kolik?

For det første forsvinder kolik mellem den fjerde og sjette måned. Som udgangspunkt er det meget vanskeligt at berolige et barn, der græder pga. kolik. Hvis barnets gråd stopper efter 2-3 minutter, når I trøster det, har barnet ikke kolik. I dette tilfælde drejer det sig om en indlært adfærd, som har til formål at tiltrække jeres opmærksomhed.

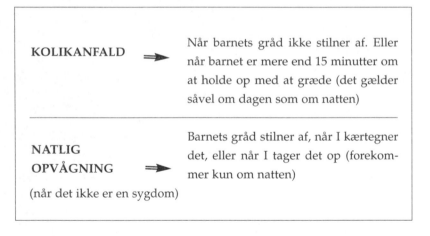

KOLIKANFALD ⇒	Når barnets gråd ikke stilner af. Eller når barnet er mere end 15 minutter om at holde op med at græde (det gælder såvel om dagen som om natten)
NATLIG OPVÅGNING ⇒ (når det ikke er en sygdom)	Barnets gråd stilner af, når I kærtegner det, eller når I tager det op (forekommer kun om natten)

En oplysning mere: Kolikanfald plejer at begynde om eftermiddagen eller tidligt om morgenen og kan vare flere timer. *Kolikanfald forekommer aldrig udelukkende om natten*, det eksisterer ikke.

Vi påpeger derfor endnu en gang, at I ikke skal falde for fristelsen til at „gøre noget", hver gang barnet græder. Hvis I falder i denne fælde, vil barnet lære, at hver gang det græder, kommer der én løbende for at trøste det. Dette kan få uheldige konsekvenser for barnets opdragelse og være skadeligt for barnets søvn.

Mit barn er ved at få tænder og sover meget dårligt

Det er et af de argumenter, der hyppigst bruges til forsvar for børns søvnproblemer. De fleste af os tror, at det gør ondt at få tænder, men indtil nu har ingen været i stand til at bevise dette videnskabeligt. Derfor kan vi ikke med sikkerhed sige, hvorvidt den periode, hvor barnet får tænder, forårsager smerte, og om „lidelsen" forstyrrer barnets søvn.

Hvis jeres barn vågner om natten og kræver jeres tilstedeværelse i den periode, det får tænder, er det mest sandsynlige, at barnet gjorde det samme før. Det betyder med andre ord, at barnet ikke vågner på grund af smerte, men fordi det har dårlige sovevaner. Det er derfor nødvendigt at skride ind med genoptræning.

Er det anbefalelsesværdigt at bruge de lægemidler, der findes mod søvnløshed hos børn?

Selv om forældre ikke er meget for at give deres børn medicin, bliver det af nogen brugt som en sidste udvej i den uholdbare situation det er at have et barn, der vågner utallige gange på grund af søvnproblemer. Erfaringerne har imidlertid vist, *at medicinen ikke har løst problemet i disse tilfælde.*

Der findes ingen undersøgelser af medikamenternes skadelige virkninger på børn. Men hvis man betragter den gruppe af lægemidler, de tilhører, må vi formode, at de ikke ligefrem er uskadelige. Det er i den forbindelse tilstrækkeligt at nævne, at der på nogle af etiketterne udtrykkeligt informeres om, at man skal være forsigtig med at give medicinen til børn.

Børns søvnløshed som følge af forkert indarbejdede vaner er ikke en sygdom. Derfor er det heller ikke logisk at behandle det med medicin. Barnet har ikke lært at sove rigtigt, og det er således naturligt at begynde optræningen af soverutiner og -vaner.

Vil et for tidligt født barn få søvnproblemer?

I princippet er der ingen grund til, at for tidligt fødte børn skulle have flere eller for den sags skyld færre søvnproblemer end børn, der er født til terminen. De stimuli, der får barnets biologiske ur til at gå i gang, er nemlig fuldstændig de samme, det vil sige lys-mørke, støj-stilhed, faste spisetider og sovevaner.

Vi har fået tvillinger, kan de sove sammen?

Det er der intet til hinder for, forudsat at I skaber de rette ritualer omkring sengelægningen. Fra seksmåneders alderen kan I lære tvillingerne det på én gang ved at anvende den beskrevne teknik.

Hvis I prøver at rette op på en dårlig indlært vane hos nogle børn, der *allerede* sover sammen, er det bedst at skille dem ad og lære børnene det hver for sig, eftersom deres reaktioner kan være forskellige. Når de har lært at sove rigtigt, kan de sove på samme værelse igen.

Hvis ikke der er mulighed for at skille børnene ad, er der ikke andet for end at prøve at anvende teknikken på dem begge to på én gang.

Min søn på to år vil ikke sove middagssøvn. Er det så bedst helt at droppe middagssøvnen?

Når barnet skal sove middagssøvn, skal man bruge præcis den samme teknik, som man anvender til genoptræning af barnets natlige sovevane. I giver jo også barnet mad med en ske, uanset om det er morgen, middag eller aften. Det samme gør sig gældende, når barnet skal sove til middag. Uanset om det er om aftenen eller om eftermiddagen, skal man lære barnet at sove på den samme måde.

Omkring treårsalderen holder børn ofte op med at sove eftermiddagssøvn. Dette kan få betydning for nattesøvnen, fordi børnene sover meget dybere, når de kommer i seng. Den dybe søvn kan øge tilfældene af søvngængeri og natangstanfald.

Vi anbefaler derfor, at I lader børnene sove middagssøvn så længe som muligt, i det mindste til de er 4 år.

APPENDIKS

NÅR DET KRÆVER LIDT MERE

(om hvordan man tackler de vanskeligste tilfælde)

Siden den første udgave af denne bog kom på gaden i marts 1996, har vi modtaget en stor mængde breve fra taknemmelige forældre, der skriver, at de nu langt om længe kan sove om natten. Nogle af brevene har været sjove. Vi fik blandt andet et, hvorpå der kun stod „Tak!", men skrevet så stort at det fyldte et helt A3-papir. De fleste andre breve har været rørende, som fx det fra farmoren, der havde foræret et eksemplar af bogen til sin søn: „Af frygt for at min svigerdatter ville forlade ham, købte jeg bogen. Min svigerdatter var fuldstændig udkørt, fordi mit barnebarn på 1½ år vågnede et utal af gange hver nat. En dag efter at have hørt bogen omtalt i et lægeprogram på tv, besluttede jeg mig for at købe den til min søn. Jeg gav den til ham og sagde: 'Enten må du gøre noget for at hjælpe din kone, eller også dropper hun dig.' Og I skulle se, hvordan han vågnede op til dåd. Han lærte det hele udenad og fik også sin kone til at læse bogen. Allerede efter få dage sov mit barnebarn. Og jeg siger jer, nu har de det så godt sammen igen." Alt i alt kan man sige, at Godnat og sov godt har medført en overvældende strøm af tilfredshed, ikke mindst hos forfatterne!

Vi har imidlertid også modtaget nogle få breve fra forældre, der har haft visse vanskeligheder med at genoptræne deres barns sovevaner. For nærmere at undersøge, hvad der kunne forhindre metoden i at give det ønskede resultat, har vi derfor sat os i kontakt med nogle af disse forældre. Derudover har vi gennemgået

alle journaler fra de små patienter, der er blevet behandlet i vores konsultation i løbet af en periode på 7 år. I alt drejer det sig om 823 børn i alderen ½-5 år.
Dette er, hvad vi fandt ud af:

• I 96 pct. af tilfældene har resultaterne været tilfredsstillende.
• I de resterende 4 pct. observerede vi visse vanskeligheder med hensyn til at løse søvnproblemerne. I nogle tilfælde drejede det sig om børn, der aldrig havde været i stand til at sove alene, og i andre tilfælde var de faldet tilbage efter først at have opnået dette.

Vi har opdaget to typer problemer: reelle og indbildte. Neden for analyserer vi dem nærmere.

REELLE PROBLEMER

Af reelle problemer har vi fundet følgende:
• Mangel på forståelse for metodens anvendelse.
• Kun den ene af forældrene har læst bogen.
• Forskellige personer passer barnet.
• En tredje person, der bor sammen med familien, blander sig i gennemførelsen af genoptræningen.
• Den lille bliver syg under genoptræningen.
• Der er en begivenhed, som vender op og ned på barnets liv: forældrenes skilsmisse, en lillebror eller -søster kommer til verden, første skoledag, flytning osv.
• Familien tager på weekend-ophold.
• På grund af en rejse oplever barnet en væsentlig tidsforskel.

Vi vil nu gå over til at forklare, hvad man kan gøre i hvert enkelt tilfælde:

Mangel på forståelse for metodens anvendelse

Vi har naturligvis forsøgt at skrive denne bog så enkelt og underholdende som muligt for at fange jeres opmærksomhed og for at opnå, at I forstår metoden ned til mindste detalje, så I er rustet til at løse jeres barns søvnproblemer. Det er imidlertid ikke altid lykkedes for os, fordi nogle forældre, der har haft for travlt med at løse problemet, ikke har læst bogen fra ende til anden, men derimod kun det, de troede var vigtigst. Derfor har de selvfølgelig mistet modet i det øjeblik, de skulle anvende metoden.

Det er uhyre afgørende, at *begge forældre læser bogen hver for sig*, inden de begynder genoptræningen. Ikke kun én gang men også to gange, hvis det er nødvendigt. I det mindste hvad angår kapitel II og kapitel IV, hvor vi fokuserer på genoptræningen af barnets sovevane. Hvis forældrene ikke behersker metoden, vil deres usikkerhed før eller siden vise sig, og barnet vil ende med at få trumfet sin vilje igennem.

Før *Godnat og sov godt* gik i trykken, afprøvede vi, om man kunne bruge metoden ud fra den måde, den er beskrevet på i bogen. Vi udleverede kopier af manuskriptet til forskellige par for at undersøge, om bogen virkelig var let at forstå, og især om man kunne læse den hurtigt (vi er klar over, at I er utålmodige og gerne vil have løst problemet med det samme). Forældrene brugte i gennemsnit to timer på at læse bogen, og det lykkedes for dem alle at genoptræne deres barns sovevane. Hvorfor skulle det så ikke også lykkes for jer? Et godt råd: Læs bogen igen, denne gang grundigt, og prøv så igen.

Kun den ene af forældrene har læst bogen

Den mest anvendte undskyldning i denne forbindelse er mangel på tid. Oftest er det faren, der ikke har læst bogen, og han lader sig i stedet guide af sin kones referat. Det er et problem, der minder lidt om det foregående. Men set fra vores synspunkt er det alvor-ligere, fordi det indebærer, at kun den ene af forældrene tager an-svaret for opdragelsen af barnet.

Det er muligt, at faren fx kommer sent hjem i hverdagene og al-drig har mulighed for at lægge barnet i seng. I weekenden vil han derfor gerne give en hånd med, men hvis ikke han behersker me-toden, falder alt det, moren har opnået, til jorden. Derfor er det væsentligt, at også faren ved præcist, hvordan man skal reagere. Morens forklaringer rækker ganske enkelt ikke. Også han bør læse bogen for at forstå teknikken lige så godt som hun.

Derudover er det meget vigtigt, at forældrene står sammen for at klare sig igennem de situationer, der uvægerligt vil opstå, og hvor man er lige ved at give op eller begynder at tvivle. Barnet kan finde på tusind ting med henblik på, at I skal opgive at få det til at sove alene. At se et barn græde fortvivlet tager modet fra en, og det er normalt at føle sig fristet til at stoppe. Det er på de tidspunkter, det er vigtigt, at I begge er overbeviste om, at I gør det rigtige. Hvis kun den ene ved, hvordan man skal agere, hvem skal vedkom-mende så støtte sig til, når hun eller han tvivler?

Det er kort sagt en forudsætning, at I begge kan anvende meto-den. Det er ikke ensbetydende med, at I skal fordele dagene lige-ligt mellem jer, eller at I i fællesskab skal lære barnet det, tvært-imod. I skal bare sørge for at gøre det på samme måde. I kunne jo heller ikke finde på at give barnet mad på forskellige måder, vel?

Forskellige personer passer barnet

Hvis begge forældre arbejder, når barnet er ganske lille, er det sæd-vanligvis sådan, at den som passer barnet – om det så er en af bed-steforældrene, et andet familiemedlem eller en dagplejemor – også lægger barnet hen at sove til middag. Det er vigtigt, at den pågæl-dende person optræder præcist på samme måde som forældrene, når de putter barnet, og nøje følger den samme teknik, eftersom enhver variation vil være en hindring for metodens succes.

Alle, der giver barnet mad, placerer først barnet i barnestolen, derpå får det hagesmæk på, og så bliver det madet med en ske. Det er derfor også logisk, at I gør tingene i den samme rækkefølge, når barnet skal lægges i seng. Konklusionen er altså, at det er lige meget, hvem der lærer barnet at sove, det vigtige er, at I alle gør det på samme måde. Det indebærer, at alle, der passer barnet, skal læse bogen. I mangel på bedre kan I forklare den person, som skal lægge barnet i seng, hvordan vedkommende skal gøre.

En tredje person, der bor sammen med familien, blander sig i gennemførelsen af genoptræningen

Når vi forklarer metoden i konsultationen, eller når forældrene læser bogen, forstår begge udmærket, hvorfor barnet reagerer, som det gør. Og de kender de regler, man skal opstille, for at barnet kan lære at sove godt. Men hvis der bor en tredje person i huset – normalt er det en af bedsteforældrene[20] – som ikke har den samme forståelse, vil vedkommende måske blande sig i gennemførelsen af genoptræningen. Enten fordi vedkommende ikke ved, hvordan metoden virker, eller også fordi vedkommende stiller spørgsmålstegn ved metodens gyldighed.

Det er fx meget typisk, at mormoren – efter at have hørt sin datter fortælle om metoden – udbryder noget i retning af: „Og det er du gået til læge for at finde ud af" eller „Og det har du læst denne bog for at finde ud af. Det er det rene pjat. Det eneste, der er i vejen, er, at I ikke er tålmodige nok. I min tid vidste vi skam godt, hvordan man passede sine børn ..."

I stedet for at ende med at diskutere, må I forsøge at sætte jer i hendes sted. Hun tilhører en anden generation, hvor man måske ikke bekymrede sig så meget om opdragelse, og hvor man slet ikke kendte til de biologiske rytmers eksistens. Det mest sandsynlige er, at hun slet ikke har kendskab til det og ikke forstår, hvorfor man

---

[20] Oversætterens anmærkning: I Spanien er det ikke usædvanligt, at flere generationer bor sammen.

skal følge tidsplanen konsekvent, og hvorfor man skal overholde tidsintervallerne så nøje, inden man går ind på værelset osv. Derfor blander hun sig og udtrykker sin mening.

Hvis barnets forældre af en eller anden grund også er usikre på, hvordan de skal gøre, kan de blive påvirket eller ende med at stoppe som følge af mormorens bøn: „Tag nu barnet op for en enkelt gangs skyld, det sker der ikke noget ved." En enkelt undtagelse vil imidlertid være en stor fejltagelse, for så vil metodens resultater gå tabt. Hvis barnet finder ud af, at det ved at græde lidt mere kan gribe ind i det hele og vende det til sin fordel, hvad vil barnet så gøre? Det vil vræle af sine lungers fulde kraft. Og hvis mormor eller én af jer så tager barnet op, vil det være umuligt at lære det noget som helst.

Hvis der bor en tredje person sammen med jer – inklusiv en ældre bror eller søster – er det derfor vigtigt, at I forklarer, at vedkommende under ingen omstændigheder bør blande sig i genoptræningen af barnets sovevane. Sagt på en anden måde: Mormoren kan gøre som før. Hun kan fx bade barnet, give det aftensmad og lege med det. Men i det øjeblik barnet skal lægges i seng, og metoden skal anvendes, må hun blande sig uden om og lade forældrene tage sig af den del af sagen.

Hvis der ikke er andre udveje end at lade denne tredje person tage sig af barnet – forsøg dog at undgå det for enhver pris – bør vedkommende forpligte sig til at respektere jeres standpunkter. Vær opmærksom på, at hvis fx mormoren alligevel gør, som hun har lyst til, vil jeres anstrengelser være spildte.

I skal derfor ikke tillade at andre blander sig, lige meget hvor gode deres intentioner er.

Den lille bliver syg under genoptræningen

Nogle gange er der sket det, at barnet er blevet sygt kort efter påbegyndelsen af genoptræningen. Det har endda i nogle tilfælde været nødvendigt at indlægge barnet. Det skyldes naturligvis ikke metoden men helt andre ting. I et sådant tilfælde er det klart, at situationen ændrer sig væsentligt (især hvis barnet er indlagt) og det er naturligvis vigtigere at helbrede barnet end at lære det at sove. Det siger derfor sig selv, at genoptræningen bliver indstillet under sygdommen. Men i det øjeblik barnet er blevet rask og udskrives, bør man starte helt forfra med metoden. Grunden hertil er, at selv om barnet er sygt, er det stadigvæk intelligent nok til at opdage, at den opmærksomhed, det får, er flerdoblet. Hvad barnet imidlertid ikke forstår er, at det bliver forkælet ekstra meget, fordi det er sygt. Set fra barnets synsvinkel optræder forældrene sådan på grund af de aktioner, barnet har iværksat (læs side 64-65 om, hvordan princippet aktion-reaktion virker). Barnet forstår således ikke, at moren kommer og trøster det, fordi det har det dårligt på grund af feber, utilpashed eller smerte. Barnet tror i stedet, at moren alene kommer som en reaktion på gråden. Når forældrene herefter genoptager optræningen af sovevanen, vil barnet græde som pisket, i håbet om at moren igen kommer for at trøste det. Det gør hun bare ikke.

Der er en begivenhed, som vender op og ned på barnets liv

Visse situationer kan besværliggøre genoptræningen betydeligt. Det kan være alvorlige situationer såsom en skilsmisse, mens andre kan være af en anden karakter, fx skolestart.

Det er en traumatisk hændelse, når et parforhold går i stykker, og det påvirker ikke kun forældrene. Det har også stor betydning for børnene. Uanset hvilken alder de har, er de klar over, hvad der foregår omkring dem. Selv om det for os umiddelbart kan virke, som om situationen ikke påvirker børnene, så plejer det desværre ikke at være tilfældet.

I forbindelse med skilsmisse vil det være meget vanskeligt at få metoden til at give resultat, for barnet udnytter det, der foregår, til at spolere genoptræningen. Når man tager i betragtning, at par, der skal gå fra hinanden, føler sig meget skyldige på grund af den smerte, de påfører deres børn, hvad gør de mon så, hvis børnene begynder at græde? Det er sandsynligt, at deres skyldfølelse forhindrer dem i at overholde tidsskemaet. Og det er næsten helt sikkert, at de ender med at give op, når de står over for barnet. At få en lillebror eller -søster er også en faktor, der kan forstyrre et barns sovevane. Det er ikke usædvanligt, at et barn, der tidligere sov godt eller er blevet genoptrænet til at have en god sovevane, holder op med at sove godt, når det opdager, at det ikke længere er midtpunkt for forældrenes opmærksomhed. Man kan derfor gå ud fra, at den detroniserede prins eller prinsesse vil gøre oprør. En af de mest brugte oprørsmetoder består i, at barnet lægger de gode vaner og pæne manerer fra sig, fx vil det typisk tisse i bukserne, nægte at spise, forvandle sengelægningen til et drama osv. Barnet er nemlig klogt nok til at vide, at dette generer forældrene voldsomt, og at de derfor vil rette ekstra opmærksomhed mod barnet – også selv om det er for at skælde ud.

I disse tilfælde skal man blot genoptage sovetræningen og ellers ignorere alt, hvad barnet end måtte finde på. Det er naturligvis vigtigt at hjælpe barnet med at forberede sig på, at der er en lille ny på vej. Af den grund skal man også tage meget hensyn til barnet i løbet af dagen og lade det føle, at det er et elsket og betydningsfuldt medlem af familien. Når man lægger barnet i seng, skal man imidlertid være meget konsekvent med hensyn til metodens anvendelse, og uanset barnets alder skal man behandle det, som om det var født på selv samme dag.

Andre begivenheder af mindre betydning kan også besværliggøre teknikkens succes: første skoledag, flytning, besøg af et familiemedlem osv. Barnet vil til enhver tid udnytte en hvilken som helst „anderledes" situation til at spolere genoptræningen af sovevanen. I disse tilfælde skal I som altid holde stand. Lad os som eksempel tage barnets første skoledag. Ud over at have forberedt barnet på forhånd, er det klogt at give barnet meget opmærksomhed, når det kommer hjem fra skole. Leg med det, I kan også give barnet en lille overraskelse, men I må aldrig ændre på ritualet omkring sengelægningen eller stoppe det, hvis barnet prøver at sabotere genoptræningen. Til sammenligning kunne det jo heller ikke falde jer ind at give barnet suppe med et sugerør, bare fordi det har været barnets første skoledag.

Familien tager på weekend-ophold

Vi har allerede forklaret, at der fra genoptræningens start som minimum bør gå 10 dage, før barnet sover andre steder end i sit eget værelse. Hvis man er tvunget til at flytte barnet, bør der helst ikke ske yderligere forandringer. Det betyder, at man nøje skal overholde det daglige tidsskema. Det er altså ikke noget med at lade barnet være oppe i længere tid, bare fordi det er weekend. Endelig skal barnet have sin uro, sin plakat, sutterne og frem for alt Teddy med sig, for at det sted, hvor barnet skal sove, kommer til at ligne barnets eget værelse så godt, som det lader sig gøre.

På grund af en rejse oplever barnet en væsentlig tidsforskel

Længere rejser kan på grund af jetlag forstyrre børn lige så meget som voksne. I disse tilfælde er det absolut nødvendigt at vente som minimum 10 dage, før man kan anvende teknikken. Det er nødvendigt, for at barnets biologiske ur kan omstille sig til den lokale tid. Når tiden er gået, er der intet, der forhindrer jer i at begynde genoptræningen.

INDBILDTE PROBLEMER

De indbildte problemer er velmenende undskyldninger, som forældre bruger til at retfærdiggøre, at de ikke har formået at genoptræne barnets sovevane. Disse undskyldninger kan inddeles i 3 typer:

120 GODNATGODNAT OG SOV GODT

„Mit barn er meget nervøst anlagt"

Det er en stor misforståelse. Det er sandt, at meget urolige børn normalt har sværere ved at lære visse rutiner, men de ender alligevel med at lære dem. I ved allerede, at når et barn ikke sover godt, bliver det eksalteret i stedet for at falde om af træthed. Det er derfor ikke rigtigt, at barnet sover dårligt, fordi det er nervøst anlagt. Det er tværtimod nervøst, fordi det ikke sover nok. Hvis barnet sover sine tolv timer i træk og får sin middagslur, og derefter viser sig at være hyperaktivt, når det vågner, så kan I hævde, at jeres barn er nervøst. Men barnet er ikke nervøst, hvis ikke det sover det antal timer, det har brug for. Sagt på en anden måde, lige meget om barnet er roligt eller nervøst, kan et barn lære at spise, børste sine tænder, rydde op, sove osv. Forudsat at barnets forældre lærer barnet at gøre det rigtigt.

„Barnet kan ikke klare sig igennem en hel nat uden at få mad"

Når man spørger forældre, hvordan de ved, at deres barn er sultent, plejer de at svare: „Fordi barnet græder, og når det får sutteflasken, falder det til ro." Men her tager forældrene imidlertid fejl. Børn kan såvel som voksne spise uden at være sultne. Fra seksmåneders alderen er et barn fuldt ud i stand til at regulere sukkerindholdet i sit blod. Og hvis barnet ammes klokken 8 om morgenen, klokken 12 om middagen, klokken 4 om eftermiddagen og klokken 8 om aftenen og samtidig får de portioner, som sundhedsplejersken har anbefalet, så vil barnet ikke føle sult om natten. Det vil sagtens kunne klare sig uden mad (jf. i øvrigt side 42). Hvis barnet derimod vågner grædende op, og det falder til ro, når man giver det bryst eller sutteflaske, så er det sandsynligvis ikke, fordi det var sultent, men fordi barnet har opnået, hvad det ville, nemlig at sikre sig forældrenes tilstedeværelse.

„Mit barn vågner, fordi der er et eller andet i vejen"

Forældre forsøger altid at finde en forklaring på, hvorfor deres barn vågner om natten: Mit barn har ondt i maven, er utilpas, er ved at få tænder osv. Men at barnet vågner betyder ikke nødvendigvis, at der er noget i vejen. Det er naturligt, at forældre vil kontrollere, at deres barn ikke har feber, ikke har det for varmt, ikke har en snavset ble osv. Men hvis ikke der er noget i vejen, og barnet kun falder til ro, når de voksne tager det op, så står vi uden tvivl over for et tilfælde af søvnløshed som følge af forkert indarbejdede vaner. Som nævnt vågner alle mennesker flere gange om natten. Vi falder dog hurtigt i søvn igen, medmindre vi bemærker noget underligt, og dagen efter husker vi intet om disse opvågninger. Når et barn ikke har lært at sove ordentligt, vil det, hver gang det vågner, kræve forældrenes tilstedeværelse, for at de skal hjælpe det med at falde i søvn igen. Hvis det er tilfældet med jeres barn, anbefaler vi jer, at I læser kapitel II og IV.

Marts 1997